倉本美津留の超国語辞典

Mitsuru Kuramoto's Super Dictionary

倉本美津留
編著

朝日出版社

はじめに

本来、辞典というものは編纂《へんさん》されているものであるが、この『超国語辞典』は〝偏〟纂されている。この世に新しい面白《オモシロ》を増やしたい。そんなことばかり考えてきた私が、偏執狂的に纂したシロモノである。

日本語は、あらためて眺めてみると実に面白い。そもそも、この「面白い」という言葉からして面白い。なぜ「面」が「白い」でおもしろいなのか？　どうやって生まれたのか？　いつから使われているのか？　考えたのは誰なのか？　なぜ色が入っているのか？　なぜ、赤ではなく白なのか？……と興味は尽きない。

当たり前に使っている言葉も、よく考えてみたらどれもおかしなものだらけだ。だいたい、当たり前とは、何に「当たり」、どこの「前」なのだろう？　そう、「当たり前」すら、当たり前の言葉ではないのである。そもそも「言葉」という言葉にしたって、どうだろう。「言」の「葉」とは、いったいどういうことなのか？　なぜ葉っぱなのだ？　誰が、いつ、どういう観点で、葉っぱに見立てたのだろう？　そんなふうに日本語を片っ端から見だしたら、もう面白にキリがない。
……ん？　「キリ」って……？

慣用句、擬音語・擬態語、人名、漢字、熟語、外来語……全部ひっくるめて実は面白だらけの「日本語」の多様性を、新たな方法で仕分けてまとめなおしたのが、この辞典だ。私自身がそうであったように、読者の方にも日本語に目から鱗《うろこ》を落とされる娯しみを感じていただきたい。

本書は一九九九年に刊行された『どらごん　道楽言』（本書と同じく朝日出版社刊）の内容を大幅に入れ替え増補した大改訂版である。辞典なので、もちろんどこから楽しんでいただいてもかまわない。気ままに開いたページにこそ、予想しなかった出合いがあるかもしれない。

この奇妙な書物が、思いもよらないアプローチで言葉の本質に迫ることで、次の新たな面白が生まれるきっかけになったら、〝しやわせ〟である。

二〇一五年一一月

倉本美津留

本書の楽しみ方

一、最初の頁から通読する必要はまったくない。どの章からでも、気になるところからお読みいただければさいわいである。

一、説明を要すると思われる言葉には注を付し、該当ページ内の空いているスペースに示した。

一、日本語を新たな方法でまとめなおして提示する、というのが本書のテーマなので、語源的には怪しいものもあるかもしれない。悪しからずご諒承いただきたい。

一、各章の扉には、その章の趣旨と、場合によっては凡例を示した。

一、「ビジュアル言葉」という章はジャンルごとに六つに分けて、コラムのように章のあいだに収めた。

01

大げさ表現語

日本語の慣用句には大げさな表現が氾濫している。言葉通り忠実にすると大変なことになってしまう言葉だらけだ。そんな言葉群にツッコミを入れた。大げさ度合を改めて味わってほしい。

血眼《ちまなこ》になる

☞眼球から血が出るほど探すとは、いったい何をなくしたというのか？

泥酔《でいすい》する

☞泥のようになるまで酔うとは、いったいどれだけの量のアルコールを摂取したというのか？

断腸の思い

☞本当なら気絶。

寝食《しんしょく》を忘れて

☞本当なら入院。

骨身《ほねみ》を削る

☞本当なら救急車。

心血《しんけつ》を注ぐ

☞本当ならあっという間に臨終。

死にものぐるい

☞本当ならあっち側の世界に行ってないと。

石にかじりついても

☞本当なら歯がボロボロ。

死力《しりょく》を尽くす

☞本当に尽くしたなら死んでないと。

雨が降ろうが槍が降ろうが

☞本当ならかなりの確率で死亡。

必死

☞ほとんどの場合、死んでない。

命拾い

☞命は一度落としたら拾えない。

恐縮する

☞縮こまるほど恐ろしいとは、いったいどんな相手なのだ？

自腹を切る

☞自分の腹を切るとは、そこまで覚悟がいることなのか？

煮え湯を飲まされる

☞本当なら即ＥＲ。

針の筵《むしろ》に座らされる

☞本当なら24時間以内にER。

度肝を抜く

☞至急、移植が必要。

腸《はらわた》が煮えくり返る

☞モツ煮込みのコンロ消し忘れでもあるまいに。

穴があくほど見る

☞レーザー光線でもあるまいに。

恨み骨髄《こつずい》に徹す

☞ウイルスでもあるまいに。

風上にも置けない

☞感染症患者でもあるまいに。

鬼の首を取ったよう

☞本当なら返り血まみれで喜んでいる場合ではない。

血祭りに上げる

☞血で祭とは、いったいどれだけの量が必要なのか？

血で血を洗う

☞洗う側も洗われる側も血とは、どれだけ血液しかない状態なのか？

出血大サービス

☞そのサービスのやり方はいかがなものか？

馬《ば》車《しゃ》馬《うま》のように働く

☞無理。人は約0・25馬力。死ぬ。

生き馬の目を抜く

☞キャトルミューティレーションでもあるまいに。

蚊の鳴くような声

☞聴こえなさすぎ。そもそも蚊は鳴いていない。

雀《すずめ》の涙

☞少なすぎ。というか流れるほども分泌量なし。

猫の額

☞狭すぎ。大きめの猫でも実尺0・09平米ほど。

飛ぶ鳥を落とす勢い

☞化学兵器でも使用したのか？

暗礁《あんしょう》に乗り上げる

☞デカい。話し合いにおいてそんなスケールの問題などない。

氷山の一角

☞デカい。そんなスケールのものは埋まっていない。

波風を立てる

☞ポセイドンでもあるまいに。

真っ青になる

☞ドラえもんでもあるまいに。

あっという間に

☞短すぎる。「あっ」。ほら、短すぎるだろ。

溺愛《できあい》

☞溺れる？　だったら、ライフセーバー呼ばないと。

悩殺

☞性的魅力で悩ませて殺す？　死ねない。むしろ興奮して活気づく。

固唾《かたず》を呑む

☞製氷皿に乗せて冷凍庫に入れていたのか？

ぐうの音《ね》も出ない

☞「ぐう」くらいの音はどんな状態でも出せる。

頭を絞る

☞雑巾《ぞうきん》でもあるまいに。

頭を捻《ひね》る

☞蛇口でもあるまいに。

頭を抱える

☞荷物でもあるまいに。

頭から湯気を立てる

☞炊きたてでもあるまいに。

顔から火が出る

☞火炎放射器でもあるまいに。

顔に泥を塗る

☞秘境の部族でもあるまいに。

つむじを曲げる

☞超能力少年のスプーンでもあるまいに。

面《つら》の皮が厚い

☞八朔《はっさく》でもあるまいに。

頬っぺが落ちる

☞こぶとり爺でもあるまいに。

目の玉が飛び出る

☞ゲゲゲの鬼太郎でもあるまいに。

目に入れても痛くない

☞絶対痛い。無理したら入る大きさの孫などいない。

目を剝《む》く

☞甘栗でもあるまいに。

目に物言わす

☞口でもあるまいに。

目の色を変える

☞カラコン使用でもあるまいに。

目の黒いうちは

☞最終的に絶対白くなるわけでもあるまいに。

目を白黒させる

☞もとから白と黒だが。

目が届く

☞小包でもあるまいに。

目が無い

☞ミミズでもあるまいに。

目が肥える

☞ぐうたらな嫁でもあるまいに。

目から鱗《うろこ》が落ちる

☞半魚人でもあるまいに。

長い目で見る

☞蟹《かに》でもあるまいに。

目頭が熱くなる

☞測っても平熱。

目から鼻へ抜ける

☞牛乳芸でもあるまいに。

目と鼻の先

☞近すぎる。両方の距離は５㎝ほど。

目の毒

☞本当なら目が潰れてしまう。

鼻っ柱《ぱしら》をへし折る

☞本当なら傷害事件。

出鼻を挫く

☞本当なら傷害事件。

鼻毛を読まれる

☞読めるのか？

木で鼻をくくる

☞秘境の部族でもあるまいに。

鼻の下をのばす

☞オランウータンでもあるまいに。

口を滑らせる

☞カーリングのストーンでもあるまいに。

口が減らない

☞ひとつしかないので減ったらなくなるが。

口から先に生まれる

☞ペリカンでもあるまいに。

口酸っぱく

☞梅干しを放り込んだのでもあるまいに。

毒舌

☞まず自分が死ぬ。

舌がとろける

☞硫酸を垂らしたのでもあるまいに。

舌が肥える

☞ぐうたらな嫁でもあるまいに。

舌を巻く

☞寿司でもあるまいに。

喉《のど》から手が出る

☞エイリアン？

歯が浮く

☞湯船の陰毛でもあるまいに。

歯が立たない

☞インポでもあるまいに。

歯を食い縛る

☞SMプレイでもあるまいに。

歯に衣《きぬ》着せぬ

☞放置プレイでもあるまいに。

耳が痛い

☞ピアス失敗でもあるまいに。

耳が遠い

☞秘境でもあるまいに。

耳が肥える

☞ぐうたらな嫁でもあるまいに。

耳に胼胝《たこ》ができる

☞耳で素振りの特訓でもあるまいに。

地獄耳

☞怖すぎる。それに閻魔《えんま》様に喩えるなんておこがましい。

首を長くする

☞ろくろ首でもあるまいに。

肩を落とす

☞財布でもあるまいに。

腕が鳴る

☞鈴が埋め込まれているわけでもあるまいに。

手を焼く

☞ベーカリーでもあるまいに。

手も足も出ない

☞不調のオタマジャクシでもあるまいに。

爪に火を灯す

☞♪き〜よし〜こ〜のよ〜る〜でもあるまいに。

胸を膨らませる

☞救命胴衣でもあるまいに。

胸を躍らせる

☞振り付け師でもあるまいに。

臍《へそ》で茶を沸かす

☞ガスコンロでもあるまいに。

臍を曲げる

☞超能力少年のスプーンでもあるまいに。

背筋が凍る

☞マイナス40度の世界でもあるまいに。

腰が砕ける

☞ダイナマイトを仕掛けられたわけでもあるまいに。

膝《ひざ》を突き合わせる

☞新しい格闘技でもあるまいに。

膝を交える

☞正常位でもあるまいに。

膝を崩す

☞積み木で作っていたのでもあるまいに。

膝が笑う

☞まったく面白いことではないのに。

尻に火がつく

☞ロケット弾でもあるまいに。

ケツの穴が小さい

☞大きいほうが問題ありではないか？

足を伸ばす

☞ファンタスティック・フォーの一人でもあるまいに。

足元に火がつく

☞鉄腕アトムでもあるまいに。

地に足つかない

☞幽霊でもあるまいに。

足が棒になる

☞案山子《かかし》でもあるまいに。

身を焦がす

☞鍋底でもあるまいに。

身を粉《こ》にする

☞コーヒー豆でもあるまいに。

身の毛がよだつ

☞猫でもあるまいに。

身を切られる

☞刺身でもあるまいに。

骨までしゃぶられる

☞フライドチキンでもあるまいに。

露骨

☞骨まで露《あらわ》って。見せたがりすぎ。

心臓に毛が生えている

☞キンタマでもあるまいに。

心が弾む

☞ボインでもあるまいに。

命の洗濯

☞Tシャツでもあるまいに。

人を食ったような

☞カニバリズムでもあるまいに。

一糸《いっし》乱れず

☞糸一本分くらいは乱れているはず。

嘘八百

☞多い。800個もつけるんだったら、逆にたいした才能。

02

お得読み漢字

ひらがなで書くと「うけたまわる」と、六文字必要なものが、漢字にすれば「承る」と、二文字で納まってしまう。一つの漢字で五音もカバーだ。「一粒で二度おいしい」でお得感があるのなら、一文字でこんなに読めるなんて、かなりのお得感である。

承《うけたまわ》る

慮《おもんぱか》る

忝《かたじけな》い

躑《たちもとお》る

恣《ほしいまま》に

狡《わるがしこ》い

躑る＝さまよい歩くこと。

1 2 3 4

黝 あおぐろ い

剰 あまつさ え

予 あらかじ め

遽 あわただ しい

論 あげつら う

嘲 あざわら う

憤 いきどお る

稚 いとけな い

苟 いやしく も

恭 うやうや しい

蹲 うずくま る

夥 おびただ しい

黝い＝青みがかった黒。

徐　おもむろ　に

馮　かちわた　る

喧　かまびす　しい

漱　くちすす　ぐ

冀　こいねが　う

尽　ことごと　く

遡　さかのぼ　る

挟　さしはさ　む

麾　さしまね　く

瞬　しばたた　く

須　すべから　く

唆　そそのか　す

馮る＝河を渡ること。　**漱ぐ**＝水などで口の中を洗うこと。　**冀う**＝切望する。

司《つかさど》る

仕《つかまつ》る

滞《とどこお》る

蔑《ないがし》ろ

腥《なまぐさ》い

跪《ひざまず》く

翻《ひるがえ》す

謙《へりくだ》る

迸《ほとばし》る

弄《もてあそ》ぶ

蘇《よみがえ》る

蟠《わだかま》る

贖　あがなう
配　あしらう
恰　あたかも
誂　あつらえる
侮　あなどる
普　あまねく
肖　あやかる
聊　いささか

坐　いながら
嘶　いななく
戒　いましめる
訝　いぶかる
彩　いろどる
蠢　うごめく
嘯　うそぶく
概　おおむね

貶　おとしめる
慄　おののく
劫　おびやかす
阿　おもねる
赴　おもむく
疎　おろそか
悴　かじかむ
畏　かしこまる

贖う＝罪を償う。　**嘯く**＝平然と言う。

姦かしましい
象かたどる
偏かたよる
孅かよわい
鑑かんがみる
擽くすぐる
斃くたばる
蒙こうむる

拵こしらえる
拱こまねく
囀さえずる
宛さながら
認したためる
滴したたる
設しつらえる
退しりぞく

頗すこぶる
乃すなわち
峙そばだつ
欹そばだてる
逞たくましい
嗜たしなむ
窘たしなめる
佇たたずむ

姦しい＝うるさい。　**欹てる**＝注意して見聞きする。

誑《たぶら》かす
培《つちか》う
備《つぶさ》に
躓《つまず》く
詳《つまび》らか
劈《つんざ》く
擲《なげう》つ
準《なぞら》える

艶《なまめ》かしい
懇《ねんごろ》
宣《のたま》わく
捗《はかど》る
繙《ひもと》く
諂《へつら》う
葬《ほうむ》る
綻《ほころ》びる

穿《ほじく》る
瞬《まじろ》ぐ
跨《またが》る
漲《みなぎ》る
婪《むさぼ》る
貪《むさぼ》る
齎《もたら》す
弁《わきま》える

03

お言葉・御の字

「御《お》」の字は、本来なら言葉を丁寧に、または、敬いの言葉にするための接頭語である。しかし、「御」が付くことで、なぜかまったく違うものに変化したり、逆の意味になってしまうような言葉がある。いったいなぜそんなことになったのか？ 何がそうさせたのか？ そんなことを思いながら、この群れを眺めていただきたい。

別物になる

「釣り」に**御**をつけたら
「捻《ひね》り」に**御**をつけたら
「足」に**御**をつけたら
「気持ち」に**御**をつけたら

お金になる
お釣り
お捻り
お足
お気持ち

「愛想」に**御**をつけたら

勘定の時間になる
お愛想

「笑い」に**御**をつけたら

職業になる
お笑い

「巡り」に**御**をつけたら
「水」に**御**をつけたら

職業になる
お巡り
お水

「袋」に**御**をつけたら
「宅」に**御**をつけたら
「釜」に**御**をつけたら
「鍋」に**御**をつけたら
「亀」に**御**をつけたら

人種になる
お袋
お宅
お釜
お鍋
お亀

「喋《しゃべ》り」に**御**をつけたら

人格になる
お喋り

「河童《かっぱ》」に御をつけたら
「下げ」に御をつけたら
「下がり」に御をつけたら
「ニュー」に御をつけたら
「勝手」に御をつけたら
「手洗い」に御をつけたら
「守り」に御をつけたら

ヘアスタイルになる
お河童
お下げ

服になる
お下がり
おニュー

場所になる
お勝手
お手洗い

アイテムになる
お守り

「絞《しぼ》り」に御をつけたら
「玉」に御をつけたら
「代わり」に御をつけたら
「握り」に御をつけたら
「結び」に御をつけたら
「摘《つ》まみ」に御をつけたら
「造《つく》り」に御をつけたら
「八つ」に御をつけたら

アイテムになる
お絞り
お玉

食べ物になる
お代わり
お握り
お結び
お摘まみ
お造り
お八《や》つ

「焼き」に御をつけたら
「浸《ひた》し」に御をつけたら
「焦《こ》げ」に御をつけたら
「数」に御をつけたら
「萩」に御をつけたら
「田」に御をつけたら
「呼ばれ」に御をつけたら
「冷や」に御をつけたら

☞食べ物になる

お焼き
お浸し
お焦げ
お数
お萩
お田《でん》
お呼ばれ

☞飲み物になる

お冷や

「痛《いた》」に御をつけたら
「百度」に御をつけたら
「冠」に御をつけたら
「目玉」に御をつけたら
「使い」に御をつけたら
「受験」に御をつけたら
「開き」に御をつけたら

☞行為になる

お痛
お百度

☞怒られることになる

お冠
お目玉

☞相手が子供になる

お使い
お受験

☞終わりになる

お開き

「近づき」に御をつけたら

お近づき 人間関係になる

「留守」に御をつけたら

お留守 頭の中になる

「出来」に御をつけたら

お出来 病気になる

「株」に御をつけたら

お株 奪われそうになる

「主《ぬし》」に御をつけたら

お主 立ち位置が変わる

「化《ば》け」に御をつけたら

お化け 怖くなる

「見通し」に御をつけたら

お見通し 偉くなった気になる

ネガティブになる

「眼鏡」に御をつけたら

お眼鏡 評価されてしまう

「得意」に御をつけたら

お得意 常連になる

「嬢」に御をつけたら

お嬢 美空ひばりになる

「上手」に御をつけたら

お上手 イヤミになる

「荷物」に御をつけたら

お荷物 厄介者になる

「めでたい」に御をつけたら

おめでたい バカになる

「粗末」に**御**をつけたら

お粗末
☜悪態になる

「鉢《はち》」に**御**をつけたら

お鉢
☜回ってくると嫌になる

「預け」に**御**をつけたら

お預け
☜ちょっと辛い感じになる

「前」に**御**をつけたら

お前
☜乱暴になる

「飾り」に**御**をつけたら

お飾り
☜表面的になる

「零《こぼ》れ」に**御**をつけたら

お零れ
☜貧しくなる

「里」に**御**をつけたら

お里
☜知られたくなくなる

ポジティブになる

「上《のぼ》り」に**御**をつけたら

お上り
☜田舎者になる

「釈迦《しゃか》」に**御**をつけたら

「迎え」に**御**をつけたら

お釈迦
お迎え
☜あの世に逝ってしまう

「洒落《しゃれ》」に**御**をつけたら

お洒落
☜いい感じになる

「負け」に**御**をつけたら

お負け
☜うれしい誤算になる

「頭《かしら》」に御をつけたら

お頭

ワンランク上になる

「浚《さら》い」に御をつけたら

お浚い

勉強になる

「邪魔」に御をつけたら

お邪魔

お宅訪問になる

ご言葉

「機嫌」に御をつけたら

ご機嫌

伺わなくちゃいけなくなる

「多分」に御をつけたら

ご多分

大多数になる

「都合」に御をつけたら

ご都合

主義に発展する

「利益」に御をつけたら

ご利益《りやく》

ありがたくなる

「座」に御をつけたら

ご座

アイテムになる

「自分」に御をつけたら

ご自分

立ち位置が変わる

「馳走《ちそう》」に御をつけたら

ご馳走

食べ物になる

「用」に御をつけたら

ご用

犯罪者向けになる

おん言葉

「大」に御をつけたら

☞人になる

お
ん
大

「曹司《ぞうし》」に御をつけたら

☞バカ息子になる

おん曹司

お○○様言葉

「陰《かげ》」に御と様をつけたら

☞ありがたくなる

お陰様

「世話」に御と様をつけたら

お世話様

「疲れ」に御と様をつけたら

☞挨拶になる

お疲れ様

「気の毒」に御と様をつけたら

☞イヤミになる

お気の毒様

「生憎《あいにく》」に御と様をつけたら

☞期待に添えなくなる

お生憎様

「子」に御と様をつけたら

☞つけなくてもいいと思う

お子様

ご○○様言葉

「苦労」に御と様をつけたら

☞ねぎらいになる

ご苦労様

「愁傷」に御と様をつけたら

☞お悔やみになる

ご愁傷様

04
両立熟語

日本語の熟語の中には、前後を入れ替えたら他の意味の熟語として成立してしまうという面白い群れが存在する。その機能を駆使した短文である。

会社もひとつの社会です

科学も学科のひとつです

日曜は曜日のひとつです

情事に至った事情を訊く

その名曲の曲名は？

代車に支払う車代

事故をいましめる故事

実現できたという現実

四十過ぎたら年中、中年

出家すべきか、家出すべきか

分数を数分でマスター

あれが達人の人達です

段階を踏み、ようやく階段を上る

それは作動させる動作ですね

花火職人たちが火花を散らす

蜜蜂に蜂蜜を塗ってみる

雷魚に魚雷を放つ

愛《あい》敬《きょう》があるから敬愛されている

数人とかじゃなくて
ちゃんと人数を教えてくれ

雲《うん》海《かい》を見ながら海雲《もずく》を食らう

きみは分身していい身分なの？

日当は当日渡すから

気色の悪い色気だね

色男は実はたいがい男色である

性感に通う感性とは

手相を見て相手にするか決めよう

規定サイズの定規を用意しなさい

目尻を尻目にする

この晴天は実に天晴《あっぱれ》ですね！

貴兄《きけい》の兄貴を紹介してくれたまえ

嵐山の柔道場で山嵐を掛けられた

そのキミの表意、意表をつくねぇ

どの色物がいいか物色中

薄手のシャツでは手薄だな

幕内力士達の陰謀の内幕は誰だ？

目上の人に上目遣いは失礼だろ！

得体の知れない技を体得しました

あの置物は物置にあるからね

この波音も言うなれば音波なのです

上海に海上自衛隊を派遣？

火口がヤバいぞ！と口火を切る

奇数の日にばかり数奇な出来事が！

機転を利かせて転機を図る

機動戦士ガンダムを作った動機

脚立《きゃたつ》を使って立脚点を示す

座高の高い落語家が高座に上がる

あなたのその心得に得心《とくしん》しました

親近感が湧かない近親者

期末試験でこの点はもはや末期的

急性アルコール中毒は性急に処置

僕は孫子《そんし》の子孫です

この少年たちの中で一番の年少は？

それは乳母《うば》の母乳ですよ

ほとんどの体液は液体である

危うい風神が神風に助けられた

人類と類人猿の差はいかほどか?

次の線路は新たな路線で作るぞ

その歌唱力では唱歌は無理だ

性悪女に悪性の腫瘍が!

万一それが一万円札だったとしたら?

いま対応中だと応対しとけ!

爺とは親父の父親のことである

中国の国中をまわる

その星図……図星です!

辞世の句でお世辞って!

先手を打てと手先に指示

やることなすこと下手な手下

え?! 子分に反乱分子が?!

手元に元手がなかったんで……

それを入手したらすぐに手入れする

キミの質素なところに素質を感じる

名実ともに実名を曝《さら》された

水死した友人の死《しに》水《みず》を取る

所長に長所ってあるのかな？

人名をもてあそぶ名人

急いで外車の車外に！

水力発電の成功を祈って力《ちから》水《みず》を！

この石盤があれば盤石だね

これが中肉中背の男の背中だ！

柳《やな》川《がわ》鍋を食いながら川《せん》柳《りゅう》をひとつ

末端の人にも端末が行き渡るように

この番茶を飲むシーンは茶番だね

道中あくまでも中《ちゅう》道《どう》路線で行こう

観客のことを客観視してみる

長年の年長扱い

わたくしがあの人《にん》夫《ぷ》の夫人でございます

あれは野《の》分《わき》の分野に属しますね

安目の商品に目安を付ける

桃山時代の山桃は美味しかったはず

象印に対する印象は？

あの格別感は別格ですね

北極で文学の極北を目指す

怪奇！奇怪男！

目茶お茶目！

KOしてもOKだぞ！

ファーストレディーを
レディーファーストで

応用編

文明化を
明文化せよ！

あの馬鹿親は
親馬鹿だ

背には唐獅子
口には獅子《し》子《し》唐《とう》

抜き手の
手抜きは禁止！

墨《すみ》烏《い》賊《か》は
烏《い》賊《か》墨《すみ》を大量に吐く

今回の乗り手は
手乗りサイズだね

物忘れが激しく
忘れ物ばかりだ

利き腕を使って腕利きだと証明する

利き目があるかどうかを見極められるのが目利き

金持ちって持ち金いくらからの人？

物《もの》貰《もら》いを患っている人から貰い物をしてしまった

両立ニュース

本日の日本のニュースです。

目白で白目をむいて、

中卒の男性が脳卒中で倒れました。

目黒に住む普段は黒目がちの男性で、

体重がありすぎたため重体です。

男性の心《しん》中《ちゅう》の中心にあったのは

心《しん》中《じゅう》のことだったということです。

05

言葉の漫才師

日本語には強調のために韻を踏む、二語でできあがっている言い回しがたくさんある。それはまるで、漫才コンビの名前のようだ。「いやいや、そんな言葉を面白がって、漫才師の名前のほうに当てたんやがな。逆や逆！」と、ツッコミが飛んでくるのを承知で、逆にそんな言葉群を軒並み漫才師扱いしてみる。そこから新しい漫才の地平がきっと切り開けてくる?!

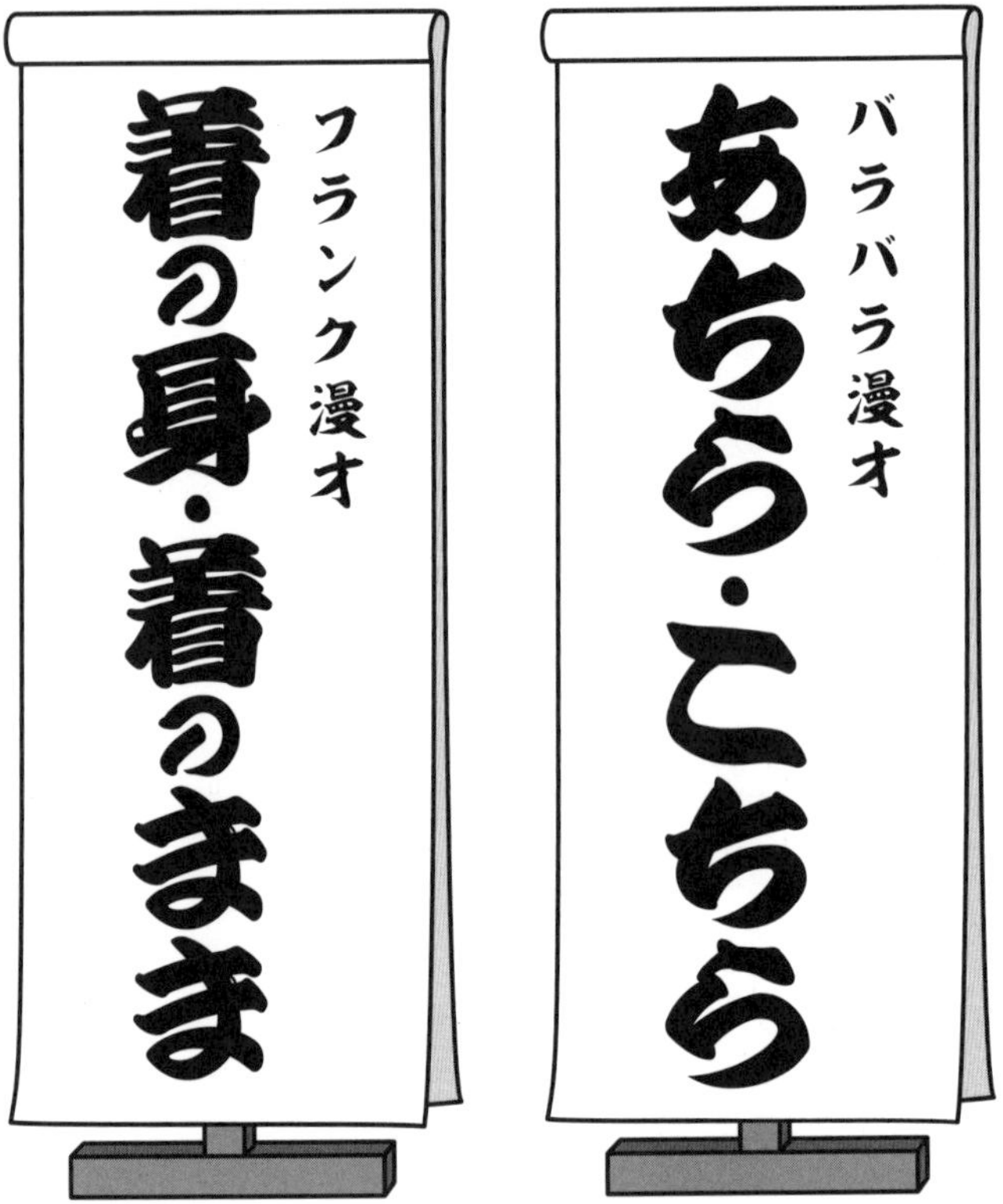

アドリブ漫才
行き当たりばったり

ウソつき漫才
有ること無いこと

もてなし漫才
至れり尽くせり

焦り漫才
居ても立っても

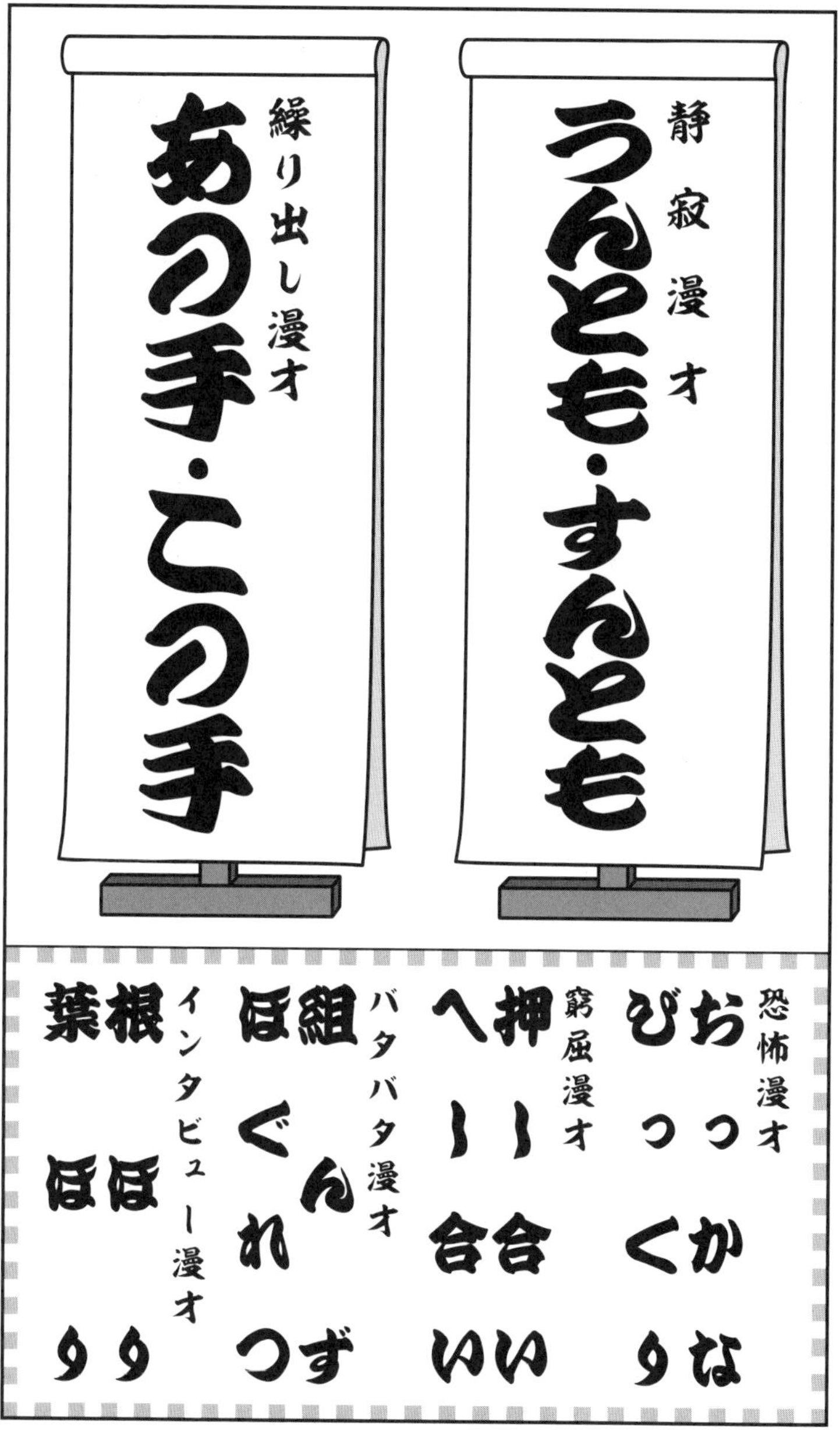

恐怖漫才
おっかなびっくり

窮屈漫才
押し合いへし合い

バタバタ漫才
組んずほぐれつ

インタビュー漫才
根ほり葉ほり

司会者　「では登場していただきましょう！　『あちら・こちら』のご両人です！　はりきってどうぞ！」

●「あちら・こちら」、勢いよく登場するもセンターマイクへ行かずに各々てんでバラバラの位置へ

あちら　「どうも～『あちら』で～す」

こちら　「『こちら』で～す」

あちら　「二人合わせて」

二　人　「『あちら・こちら』で～す！」

あちら　「ところでおまえどこ立ってんねん」

こちら　「おまえこそどこ立ってんねん」

あちら　「おまえこっちやろが！」

こちら　「なんでやねん！　そっち行ってもマイクあらへんがな！」

あちら　「あほか！　おまえのほうがセンターマイクから遠いやんけ！」

こちら　「ええ？　なんやて？」

あちら　「だから遠いねん！」

こちら　「ん？　聞こえへん」

あちら　（大声で）「だから遠いからやんけ！」

こちら　「オレの耳？」

あちら　「そっちもか！　もうええわ！」

●「あちら」が裏拳ツッコミをやるが、「こちら」に届かず空を切る

●二人、退場

司会者「では登場していただきましょう！『着の身・着のまま』のご両人です！　はりきってどうぞ！」

●「着の身・着のまま」、勢いよく登場。センターマイクへ

着の身「どうも〜『着の身』で〜す」

着のまま「『着のまま』で〜す」

着の身「二人合わせて」

二　人「『着の身・着のまま』で〜す」

着のまま「君なんちゅう格好しとんねん？」

着の身「なにがや？」

着のまま「お客さんの前に出るのにパジャマて！」

着の身「起きてそのまま来てん。ええやろ、ぐっと親しみが増すやろ」

着のまま「あほか！　失礼やろ！」

着の身「そういう君こそなんや？　黒のスーツに黒ネクタイ、葬式帰りかいな！」

着のまま「正解！　親父の葬式帰りや」

着の身「親父？　君の親父死んだん君が中学のときちゃうかったっけ？」

着のまま「そう、20年前の冬やった。今、その帰りがけやがな」

着の身「長いわ！　喪服のまま、長い!!」

着のまま「ほなとりあえずいったん家帰るわ」

着の身「ええ加減にせえ！」

●二人、退場

ダラダラ漫才
つらり
くらり

アバウト漫才
多かれ
少なかれ

いつかは漫才
遅かれ
早かれ

なんとかなる漫才
幸か
不幸か

腹ペコ漫才
食うや
食わず

急ぎ漫才
取るものも
取りあえず

バリエーション漫才
手をかえ
品をかえ

漫才大好き漫才
とにも
かくにも

軽薄漫才
口八丁
手八丁

呪い漫才
恨み
つらみ

優しさ漫才
手取り
足取り

飽き性漫才
とっかえ
ひっかえ

行き詰まり漫才
にっちも
さっちも

不幸漫才
踏んだり
蹴ったり

鈍感漫才
痛くも
痒くも

人気漫才
押すに
押されぬ

無名漫才
知る人ぞ
知る

暴力漫才
殴る
蹴る

ウジウジ漫才
妬み
嫉み

まとまらん漫才
擦ったに
揉んだ

瞬発力漫才
熱しやすく
冷めやすい

気丈漫才
痩せても
枯れても

絶対漫才
否でも
応でも

歌謡漫才
歌は世につれ
世は歌につれ

正体不明漫才
海のものとも
山のものとも

ギリギリ漫才
どうにか
こうにか

省略漫才
うんぬん
かんぬん

歩調漫才
えっちら
おっちら

司会者「では登場していただきましょう！『うんとも・すんとも』のご両人です！はりきってどうぞ！」

●「うんとも・すんとも」、勢いよく登場。センターマイクへ

うんとも「…」
すんとも「……」
うんとも「…」
すんとも「………」

うんとも「…」
すんとも「……………」
うんとも「…！」

●「うんとも」が、「すんとも」の胸に裏拳ツッコミを入れる

●二人、うんともすんとも言わずに退場

06

並べ術

三文字熟語で行なう言葉パズル。テーマを決めて、左、中、右、左斜め、右斜めと、それぞれの列で漢字が揃うように段積みして遊ぶ。

一日

（朝昼夜）

Aパターン

朝	定	食
昼《ひる》	行《あん》	灯《どん》
夜	行	性

Bパターン

今《け》	朝《さ》	方《がた》
白	昼	夢
深	夜	族

Cパターン

平	安	朝
乙《おと》	小《こ》	昼《びる》
熱	帯	夜

Dパターン

朝《あさ》	蜘《ぐ》	蛛《も》
浜	昼	顔
十《い》	六《ざよ》	夜《い》

昼行灯＝ぼんやりとして役に立たない人をあざけっていう語。

十六夜＝陰暦（8月）16日の夜のこと。

乙小昼＝農繁期、農家では1日に4～7回食事をするが、そのうちの最後の中間の食事。

大きさ

（大中小）

Aパターン

大	統	領
中	立	国
小	市	民

Bパターン

一	大	事
空	中	戦
血《けっ》	小《しょう》	板《ばん》

Cパターン

無	限	大
脳	卒	中
超	縮	小

Dパターン

等	身	大
食	中	毒
小《しょう》	籠《ろん》	包《ぽう》

季節（春夏秋冬）

Aパターン

春	一	番
夏《なつ》	蜜《み》	柑《かん》
秋《さ》	刀《ん》	魚《ま》
冬	将	軍

Bパターン

思	春	期
真	夏	日
千	秋	楽
金《きん》	冬《とう》	瓜《が》

Cパターン

林《はやし》	道《どう》	春《しゅん》
高《こうの》	師《もろ》	夏《なつ》
出《で》	来《き》	秋《あき》
核	の	冬

林道春＝江戸初期の儒学者、林羅山の法号。

高師夏＝南北朝時代の武将で、足利氏の家臣。

出来秋＝秋。稲がよく実るころ。

核の冬＝核戦争により大きな環境変動が起き、氷河期が発生する現象。

金冬瓜＝長楕円形で大きく，黄褐色に熟すカボチャ。別名そうめんカボチャ。

方角（東西南北）

Aパターン

東《とう》	尋《じん》	坊《ぼう》
西	陣	織
南	京	虫
北	半	球

Bパターン

広《かん》	東《とん》	語《ご》
関	西	弁
石《しゃく》	南《な》	花《げ》
下	北	沢

Cパターン

毛《もう》	沢《たく》	東《とう》
仏《ふ》	蘭《らん》	西《す》
浅《あさ》	倉《くら》	南《みなみ》
大	敗	北

浅倉南＝あだち充のマンガ『タッチ』に登場するヒロイン。

数字

（一二三四五六七八九十百千万）

Aパターン		
一	人	前
二	枚	舌
三《さん》	度《ど》	笠《がさ》
四	天	王
五	寸	釘
六《ろく》	尺《しゃく》	褌《ふんどし》
七	面	鳥
八	重	歯
九	官	鳥
十	字	架
百《ひゃく》	葉《よう》	箱《ばこ》
千《ち》	代《よ》	紙《がみ》
万《お》	年《も》	青《と》

三度笠＝顔を覆うほど深く作られた笠。飛脚などがよく被っていた。

百葉箱＝気象を観測するための白い木箱。

万年青＝ユリ科の常緑多年草。

	Bパターン	
間	一	髪
青	二	才
第	三	者
藤《とう》	四《し》	郎《ろう》
源《げん》	五《ご》	郎《ろう》
表《ひょう》	六《ろく》	玉《だま》
飛《とび》	七《なな》	節《ふし》
腹	八	分
北	九	州
鉤《かぎ》	十《じっ》	手《て》
御《お》	百《ひゃく》	度《ど》
針《はり》	千《せん》	本《ぼん》
伊《い》	万《ま》	里《り》

藤四郎＝鎌倉初期の尾張瀬戸の陶工。

源五郎＝ゲンゴロウ科の水中甲虫。

表六玉＝とんま。間抜け野郎。

飛七節＝トビナナフシ科の昆虫。短いはねを持ち飛ぶ。緑色で後ろのはねが赤い。

鉤十手＝江戸時代の、犯罪人を捕らえるための道具。武器にもなる。

御百度＝百度参り。病気平癒などを祈るため、境内の一定距離を百回往復し一回ごとに礼拝すること。

		Cパターン
日	本	一
牧《まき》	伸《しん》	二《じ》
南《な》	無《む》	三《さん》
九《く》	六《ろ》	四《よん》
五	七	五
絵《え》	双《すご》	六《ろく》
女《おんな》	団《だん》	七《しち》
喜《き》	多《た》	八《はち》
九《つ》	十《く》	九《も》
椋《むく》	鳩《はと》	十《じゅう》
嘘	八	百
谷《や》	根《ね》	千《せん》
八《やお》	百《よろ》	万《ず》

牧伸二＝「やんなっちゃった」のフレーズで有名なウクレレ漫談家。

九六四＝給与所得者の課税所得の捕捉率が9割なのに対し、自営業者は6割、農家は4割でしかないという、税に対するサラリーマンの不平を表した言葉。

女団七＝歌舞伎狂言の人気題目『夏祭浪花鑑』の主人公・団七を女性にした書き換え狂言。

喜多八＝十返舎一九の『東海道中膝栗毛』の登場人物。

椋鳩十＝児童文学作家。『大造じいさんとガン』など。

Dパターン

一《いち》	番《ばん》	鶏《どり》
羽《は》	二《ぶた》	重《え》
吉《よし》	幾《いく》	三《ぞう》
犬《いぬ》	四《し》	手《で》
五《さ》	月《み》	雨《だれ》
永	六	輔
八	百	七
猪《ちょ》	八《はっ》	戒《かい》
九	谷	焼
四	十	雀
一	粒	百
高	千	穂
万《まん》	金《きん》	丹《たん》

犬四手＝カバノキ科クマシデ属の落葉高木。

八百七＝八百屋お七の略名。

九谷焼＝石川県金沢市、小松市、加賀市、能美市で生産される色絵が鮮やかな磁器。

一粒百＝グリコのスローガン。

万金丹＝伊勢国朝熊山で製造した薬の名。

07

ビジュアル言葉

見た目で決められた生物の名前の数々。それらを言葉通り忠実に絵にしてみると何とも滑稽な姿に。結局、命名者のセンスひとつなのだ。そのことを英語名と比較しながら検証していく。センスの違いに目を見張り、その目から鱗をポロポロ落としてほしい。

ビジュアル言葉 海の生き物

イソギンチャク

◉和名

磯巾着

◉英名

Sea Anemone

海アネモネ

ナマコ

◉和名

海鼠

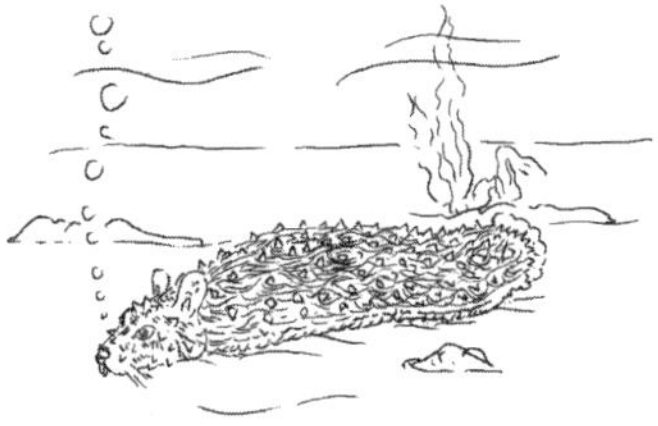

◉英名

Sea Cucumber

海キュウリ

ヒトデ

◉和名

人手

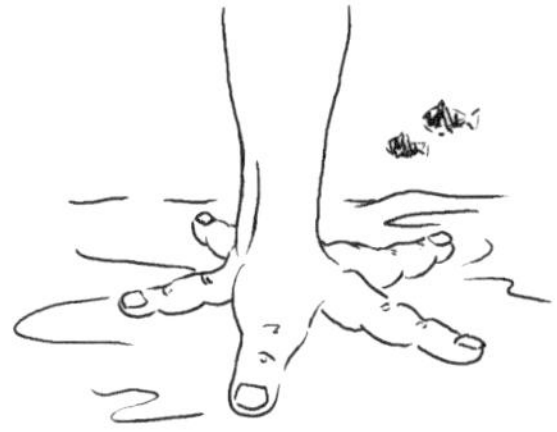

◉英名

Starfish

星魚

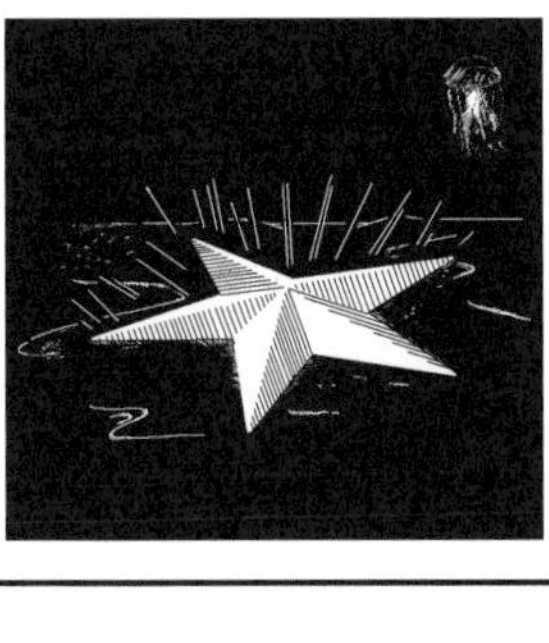

タツノオトシゴ

◉和名

竜の落とし子

◉英名

Sea Horse

海馬

アメフラシ

海に棲む軟体動物。ナメクジ状で体長は40㎝ほどになり表面に斑紋がある。触れると紫色の液を大量に出す。

◉和名

雨虎

◉英名

Sea Hare

海ウサギ

オウムガイ

◉和名

鸚鵡貝

◉英名

Nautilus

ノーチラス号

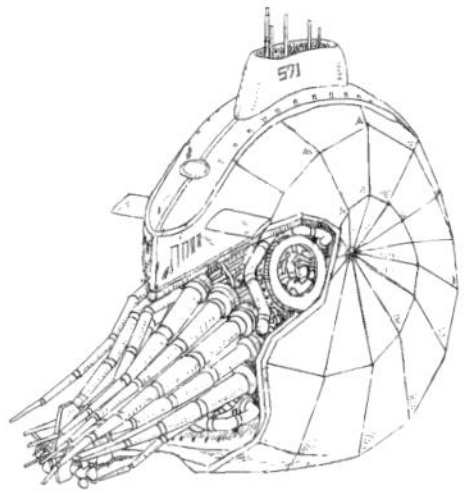

カブトガニ

◉和名

兜蟹

◉英名

Horseshoe Crab

蹄鉄蟹

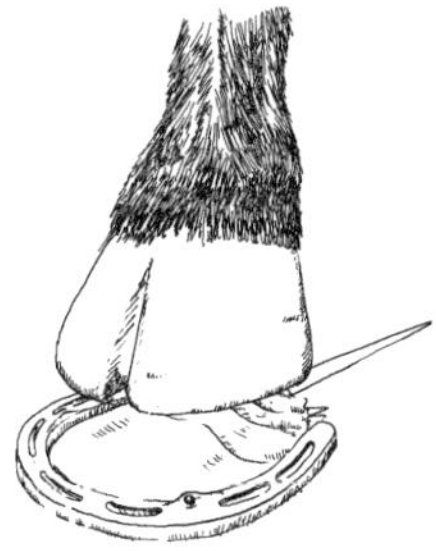

ホヤ

◉和名

老海鼠

◉英名

Sea Squirt

海噴水

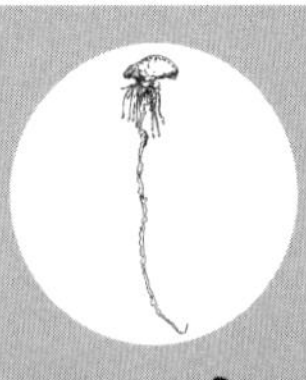

カツオノエボシ

クラゲの仲間。直径10㎝ほどの浮袋を水面に浮かべ、その下に特殊化した個体が集まり群体を形成する。

◉和名

鰹の烏帽子

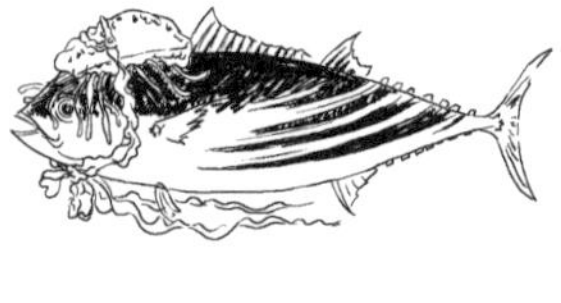

◉英名

Portuguese Man-of-War

ポルトガル人戦士

サザエ

◉和名

拳螺

◉英名

Turban Shell

ターバン貝

シオマネキ

雄のハサミが片方だけ大きくなるのが特徴的な蟹。大きいほうのハサミを上下に振って求愛する。

◉和名

潮招

◉英名

Fiddler Crab

バイオリン弾き蟹

クラゲ

◉和名

水母

◉英名

Jellyfish

ゼリー魚

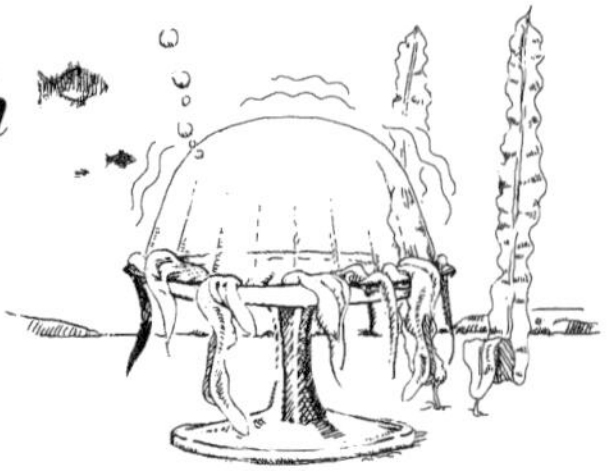

オニヒトデ

◉和名

鬼海星

◉英名

Crown-of-Thorns Starfish

針の王冠ヒトデ

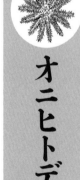

カシパンウニ

体形が菓子パンやビスケットに似た一群のウニの総称。体表全面に直径５～10㎝で平たく短いとげが生えている。

◉和名

菓子麺麭海胆

◉英名

Sand Dollar

砂の１ドル

トリガイ

◉和名

鳥貝

◉英名

Egg Cockle

卵の小舟

08

同音言葉多入り短文

同音異義語をできるだけ多く無理矢理詰め込んだ短文。音だけで聞くと同じ言葉の繰り返しのように聞こえ、何のことだかわからないが、漢字に変換すると意味が見えてくる。という言葉遊びだ。

えんじんが
えんじんを
えんじんでかこむ
○猿人がエンジンを円陣で囲む

ごかいで
ごかいという
ごかい
○五階で碁会という誤解

かいこして
かいこしすぎる
かいこを
かいこ
○回顧して懐古しすぎる蚕を解雇

きょういの
きょういの
きょういにさらされる
○驚異の胸囲の脅威にさらされる

いさんに
いさんで
いさんかた
○遺産に勇んで、胃酸過多

こうかいへ
こうかいにでた
こうかいを
こうかい
○紅海へ航海に出た後悔を公開

とうしあらわに
とうしし
とうししたが
とうし
○闘志あらわに透視し投資したが凍死

でんどうの
でんどうで
でんどういり
○電動の伝道で殿堂入り

さいしの
さいしは
さいしです
○祭司の妻子は再試です

ししは
ししに
ししくわれ
ししに

○志士は獅子に四肢食われ死屍に

かきと
かきに
かきをくわえ
かきにもって
かきいれたのが
かき

○柿と牡蠣に火気を加え花器に盛って描き入れたのが下記

せいきゅうな
せいきゅうに
せいきゅうさだまらず

○性急な請求に制球定まらず

かっぱをきた
かっぱを
かっぱする

○合羽を着た河童を喝破する

たいしょうは
たいしょううまれの
たいしょうです！

○大賞は大正生まれの大将です！

きしょうしたら
きしょうな
きしょうだった

○起床したら希少な気象だった

かいを
かいにでた
かいがあったの
かい

○貝を買いに出た甲斐があったのかい

たんかした
たんかで
たんかのような
たんかをきる

○炭化した担架で短歌のような啖呵を切る

しこんで
しこんに
しこんを
しこんで、
しこんたかぶる

○私恨で歯根に紫根を仕込んで、士魂昂る

しきの
しきしてた
しきが
しきをさとって
しきがたかい

○「四季」の指揮してた子規が死期を悟って士気が高い

かみの
かみを
かみ、それを
かみに
かみする

○神の髪を噛み、それを紙に加味する

しじょうで
しじょうはつの
しじょうに
しじょうがはいる

○四条で史上初の試乗に私情が入る

せいかで
せいかをとなえながら
せいかを
せいかであぶり
せいかをつくったという
せいか

○生家で聖歌を唱えながら青果を聖火で炙り製菓を作ったという成果

かいとうの
かいとうは
かいとうした
かいとうを
かいとうで

かいとうする
というものだった
○会頭の回答は解凍した怪盗を快刀で
開頭するというものだった

さんじの
さんじに
さんじをおくり
さんじになったのが
さんじ
○三児の産時に賛辞を送り惨事になっ
たのが三時

かように
かようのが
かようきょうしつだと

かようにおもうが
いかようにでも
○火曜に通うのが歌謡教室だと斯様に
思うが如何様にでも

いかりで
いかりに
いかりんぐをなげる
いかりじちょう
○怒りで錨にイカリングを投げる医科
理事長

てんてきに
てんてきしてやる
○天敵に点滴してやる

せいぼから
おせいぼ
○聖母からお歳暮

いましめに
いましめた
○戒めに今閉めた

やくどうする
やくどうする？
○躍動する覚醒剤《ヤク》どうする？

09

日英ことわざ・慣用句オモシロ比較

日本のことわざと英語圏のことわざは、意味が近く、言い回しも似ているものが意外に多い。比較しながら、お国柄を楽しんでほしい。

【凡例】

日本のことわざ……英語圏のことわざ

鬼に金棒――ヘラクレスに糸巻き棒

Hercules with the distaff.

鬼に金棒 ―― ヘラクレスに糸巻き棒
Hercules with the distaff.

胡麻《ごま》をする ―― リンゴを磨く
Apple - polish

絵に描いた餅 ―― 蝋《ろう》で作ったフルーツ
Like wax fruit.

朱に交われば赤くなる ―― 犬と暮らせば蚤《のみ》がつく
He that lives down with dogs must rise with fleas.

紺屋《こうや》の白袴《しろばかま》 ―― 仕立て屋の女房は最悪の格好
The tailor's wife is worst clad.

医者の不養生 ―― 靴屋の女房は裸足
The shoemaker's wife goes barefoot.

酒は百薬の長 ―― ワインは老人のオッパイ
Wine is old men's milk.

釈迦に説法 ―― ミネルバ神に教える雌豚
A sow to teach Minerva.

転んでもただでは起きぬ ―― ナイル川に投げ込まれても魚をくわえて上がってくる
They throw him into the Nile, and he will come up with a fish in his mouth.

窮鼠《きゅうそ》猫を噛む ―― 窮羊《きゅうよう》屠殺者を殺す
It is possible for a ram to kill a butcher.

覆水《ふくすい》盆に返らず ―― こぼしたミルクに泣いても戻らず
It is no use crying over spilt milk.

虎穴《こけつ》に入らずんば虎子《こじ》を得ず ―― ズボンを濡らさずんば鱒《ます》を得ず
There is no catching trout with dry breeches.

目糞鼻糞《めくそはなくそ》を笑う ―― 焦げ鍋が焦げヤカンを笑う
The pot calls the kettle black.

弘法《こうぼう》も筆の誤り ―― ホメロスもしくじる
Homer sometimes nods.

鴨が葱《ねぎ》をしょって来る ―― ヒバリがこんがり焼けて口の中に飛び込んでくる
Lark will fall into one's mouth ready roasted.

破《わ》れ鍋に綴《と》じ蓋《ぶた》 ―― そんなジャックに丁度いいジル
Every Jack has his Jill.

猿に烏帽子《えぼし》 ―― 猿にシルクのドレス
An ape is ape though dressed in silk.

飼い犬に手を噛まれる ―― 飼い鳥に目玉をむしり取られる
Breed up crow and she will peck out your eyes.

蛙の面《つら》に小便 ―― 象の体に蚤《のみ》噛み
The elephant does not feel a flea bite.

恩を仇《あだ》で返す ―― 斧はその柄をもらった森へ木を切りにいく
The axe goes to the wood from where it borrowed its helve.

海老で鯛《たい》を釣る ―― エンドウでインゲンをもらう
You give a pea for a bean.

月とスッポン ―― チョークとチーズ
No more like than chalk and cheese.

漁父《ぎょふ》の利 ―― 犬が争うあいだに狼が羊を食う
Where the dogs growl , the wolf devours the sheep.

勝って兜《かぶと》の緒を締めよ ―― 森から出るまで歓声を上げるな
Don't halloo till you are out of the wood.

腐っても鯛 ― 泥だらけでもダイヤモンド
If a diamond be thrown into the mire, it is a diamond still.

痛し痒《かゆ》し ― 蜂蜜甘いが蜂の針痛い
Honey is sweet but the bee stings.

疑《ぎ》心《しん》暗《あん》鬼《き》を生ず ― 黄疸《おうだん》にかかれば全部が黄色見え
All looks yellow to the jaundiced eye.

蛇《じゃ》の道は蛇《へび》 ― 悪魔を見分けられるのは悪魔
One devil knows another.

三つ子の魂百まで ― 子豹《ひょう》の斑点は死ぬまで
A leopard cannot change his spots.

内《うち》弁《べん》慶《けい》 ― 家犬ライオン
Every dog is lion at home.

10

おかしな名前つけられて

よくよく周りを見渡すと、おかしな名前をつけられた物だらけだ。明らかにその物のもつポテンシャルをオーバーに言いすぎている名前、味も素っ気もないそのまますぎる名前、本質とチグハグすぎる名前、デリカシーがなさすぎる名前、前時代からほったらかしにされたままの名前、人間の身勝手で決めつけられた名前……ツッコミだしたらきりがない！

言いすぎ名前

【安全ピン】

☞十分ケガできるっちゅうねん！

【万年筆】

☞そんなウン万年も使われへんちゅうねん！

【マジック（インキ）】

☞魔法やないっちゅうねん！　逆に消えへんっちゅうねん！

【魔法瓶】

☞温《ぬく》いのんキープしてるだけやっちゅうねん！

【千枚通し】

☞いっきに、そんなにいっぱい通されへんっちゅうねん！

【文化住宅】

☞文化の香り全然ないっちゅうねん！

※昭和初期まで流行した和洋折衷の住宅

【視聴覚教室】

☞視覚と聴覚どこの教室でも使うっちゅうねん！

【勝手口】

☞ほんまは勝手にされたら困るっちゅうねん！

【永久歯】

☞永久なわけないっちゅうねん！

【八《や》重《え》歯《ば》】

☞重なり多い多い！　だいたい二重やっちゅうねん！

【万能ネギ】

☞そんなに何でもでけへんちゅうねん！

【大豆《だいず》】

☞そんなにでかないっちゅうねん！

【小豆《あずき》】

☞そんなに小さないっちゅうねん！　大きさ大豆と大差ないっちゅうねん！

【二十世紀梨】

☞梨やで、ただの梨！　たいそうすぎるっちゅうねん！

【金魚】

☞金の魚って！　希少価値出しすぎやっちゅうねん！　で、たいがいは色は赤やっちゅうねん！

【手術】

☞手の術って、テクニックをアピールしすぎやっちゅうねん！

【青大将】

☞大将って、持ち上げすぎやっちゅうねん！　で、そこまで青ないっちゅうねん！

【神経衰弱（トランプ）】

☞やってる最中にだれも倒れへんっちゅうねん！

【便秘】

☞なに神秘的な雰囲気にしてんねん！　うんこ溜まっててなかなか出てけえへんだけやっちゅうねん！

【万物の霊長】

☞万物の一番上って！　いやいや、そんな偉ないちゅうねん！　ただの人やっちゅうねん！

そのまんま名前

【鉄棒】
☞鉄の棒、これだけやないっちゅうねん！

【油揚げ】
☞油で揚げてるもん、もっといろいろあるっちゅうねん！

【牛乳】
☞牛の乳って、よう考えたら飲みにくいっちゅうねん！

【指輪】
☞よう考えたら鼻輪みたいな言い方やっちゅうねん！

【おしぼり】
☞しぼったもんやけど！っていうか、もてなされる側目線の名前やないとアカンやろ！

【はたき】
☞はたくもんやけど！

【おにぎり】
☞にぎったもんやけど！

【自転車】
☞自分で転がす車やけど！

【自動車】
☞自動的に動く車やけど！

【縦笛】
☞縦……言いたいのはそこか!?

【横笛】
☞横……言いたいのはそこか!?

【手袋】
☞手ぇ入れる袋かもしれへんけど！

【足袋《たび》】
☞足入れる袋かもしれへんけど！

【げっぷ】
☞聞こえたまんまやん！

【早漏《そうろう》】
☞早く漏れたって、直接的すぎるやろ！

【寝たきり】
☞見たまんまやん！

【腸詰めウインナー】
☞デリカシーないんかっちゅうねん！

【バラバラ事件】
☞デリカシーないんかっちゅうねん!!

【食用ガエル】
☞デリカシーないんかっちゅうねん!!!

【背黄青《せきせい》インコ】
☞背中の色見たまんまの名前やったんかい！

それどうなの名前

【振り袖《そで》】

☞振ることありきの名前やん！

【踊り場（階段の）】

☞踊ることありきの名前やん！

【握り拳《こぶし》】

☞拳はそもそも握られてるものやん！二回握ることになってるがな！

【人間国宝】

☞モノ扱いか！国宝人間やろ！

【箱入り娘】

☞監禁やん！犯罪やん！

【人差し指】

☞人を指差すことありきの名前やん！　人のこと指差したらアカンとか言うくせに！

【赤ちゃん】

☞色だけで呼ぶなっちゅうねん！

【腕白《わんぱく》】

☞そんな子供は炎天下に外走り回ってて腕黒くなっとるっちゅうねん！

【父《ふ》兄《けい》参観】

☞行くのはオカンがメインやっちゅうねん！

【帰国子女】

☞男もおるっちゅうねん！

【角《つの》隠し】
☞花嫁をはなから鬼扱いか?!

【人間ドック】
☞船扱いか！

【植物人間】
☞怪人扱いか！

【亀頭】
☞あそこは亀の頭ではない！

【雁首】
☞あそこは雁の首ではない！

【陰茎《いんけい》】
☞日陰者扱いにしたんなや！

【陰嚢《いんのう》】
☞日陰者扱いにしたんなや!!

【陰毛】
☞日陰者扱いにしたんなや!!!

【夢精】
☞夢の精って、ファンタジーみたいになってもうてるやん！　そんなきれいなもんやないやろ！

【恥骨】
☞なんも恥ずかしい部位やない！

【親知らず】
☞ちゃんと報告してる場合もあるっちゅうねん！

【乳首】
☞どこが首やねん！

【膝枕】
☞膝やなくて腿《もも》の部分やろ！　モモマクラやろ！

【米国】

☞むしろ肉国やっちゅうねん！


【仏国】

☞7割がカトリックやっちゅうねん！


【陸上】

☞球技も体操も水泳も、どの競技も陸の上でやってんねんけど！


【自由形】

☞泳ぎ方の制限ありまくりで相当不自由やと思うけど！


【ソフトボール】

☞球の柔らかさを全面に押し出してる競技名ってどうなん？で、実際はまあまあ硬いし！


【バタフライ】

☞あの動き、チョウチョにそんな似てないぞ！　だいたい水の中やのに蝶ってどうやねん?!


【床運動】

☞この字面、言い回し、他のこと想像してしまうわ！


【普通電車】

☞異常電車はあるんか?!


【ハサミ】

☞挟んでるだけみたいやん！メインの切ること言わんと！


【押入れ】

☞引出しもするぞ！

【引出し】
☞押入れもするぞ！

【目玉焼き】
☞怖いわ！　目玉焼いてるって！　そんなもん朝から出されてるって、引くわ！
【刺身】
☞刺してないぞ！

【腹話術】
☞嘘つけ！　腹でしゃべってないやんけ！
【かっぱ巻】
☞いや、それは巻いてない。
【銭湯】
☞銭取ることをあからさまにしすぎ！

【湯船】
☞船ちゃうやん。

【風船】
☞船ちゃうやん。

【靴下】
☞靴の下やないやん！　上やん！　というか中やん！

【散髪】
☞散らすためにやってんのか?!

いつまでその名前

【軍手】
☞日本に軍なんかもうないから！

【懐中電灯】
☞懐の中って！

【携帯電話】
☞帯に携えるって！

【縄跳び】
☞今や、たいがいが
ビニール製の紐やで！

【下駄箱】
☞入ってるのは靴がメインやで！

【筆箱】
☞筆が入ってることあんまないで！

【黒板】
☞たいがい深緑やで！

【茶碗】
☞主にご飯を入れてますけど！

【薬缶《やかん》】
☞薬入れることほとんどないで！

【歯磨き粉】
☞粉やない、ペーストやで！

【畳】
☞もうずっと前から畳まれへんよう
になってるから！

【乳母車《うばぐるま》】
☞乳母の車というより乳児の車！
で、押してるのは大体、実母！

【床屋《とこや》】
☞床は売ってないよ！

本人からクレーム

【アリクイ】

☞蟻食ってるだけやないわ！　食ってる対象のほうがメインの名前やめてくれ！

【ナマケモノ】

☞たんなる悪口やがな！　オレはオレで精一杯やってるっちゅうねん！

【ヤマアラシ】

☞山荒らしてないっちゅうねん！　ちゃんと自然のバランスに則って木齧《かじ》ってるっちゅうねん！　山荒らしてんのはお前ら人間やんけ！

【カモノハシ（鴨の嘴）】

☞他の生き物の体の一部の名前にすんな！

【カニクイザル】

☞蟹、大好物やないわ！　蟹以外のもんのほうが主食やわ！

【アホウドリ】

☞これはどう考えても失礼やろ！

【カワハギ（皮剝）】

☞皮剝ぎ取られることが前提の名前やん！　やめてくれ！

【カニ（蟹）】

☞解に虫って……、解体されることが前提の名前やん！　やめて！

【恐竜】

☞恐い竜って、なに？　そのザックリした言い方！　たいして恐ないヤツもおるわ！

【バカガイ】

☞ひどい！　ひどすぎる！

【イルカ（海豚）】
☞海の豚?!　豚にそんなに似てないやん！

【ウミウシ（海牛）】
☞牛にそんなに似てないやん！　タツノオトシゴのことを海馬っちゅうのはまだわかるけど。

【ウミネコ（海猫）】
☞鳴き声ちょっとだけ似てるけど、見た目全然違うやん！

【ウバザメ（姥鮫）】
☞はなっからババアみたいに言いやがって！　若いのもおるっちゅうねん！

【エビ（海老）】
☞はなっからジジイみたいに言いやがって！　若いのもおるっちゅうねん！

【ゲンゴロウ（源五郎）】
☞誰やねん?!　オレは虫や！

【ムツゴロウ（鯥五郎）】
☞誰やねん！　オレは魚や！

【ジンベエザメ（甚兵衛鮫）】
☞甚兵衛って誰やねん！　そんなヤツ知らんぞ！

【ゾウリムシ】
☞見たまんまやんけ！　オレは履かれへんぞ！

【ゾウリエビ】

☞オレは履ける？　……いや、履かれへんぞ!!

【ウミホタル（海蛍）】

☞ホタルありきの名前で呼ばんといてくれる？　オレのほうが先におったかもしれへんがな！

【ツクツクボウシ】

☞そんなふうにオレの鳴き声が聞こえたんかしらんけど！　普通自分の名前必死で叫ばへんやろ！

【数の子】

☞数って誰やねん！　オレ、ニシンの子やで！

【ムカデ（百足）】

☞大雑把やな！　百の足って！　ちゃんと数えてくれよ！

【イヌノフグリ（犬の陰嚢）】

☞失礼にもほどがあるやろ!!

【ヘクソカズラ（屁糞葛）】

☞失礼すぎるやろ！

【下等動物】

☞上等か下等か、勝手な基準やめろ！

11

言葉の街角

警察、商店、飲食店、風俗店……繁華街に欠かせないそんな施設に登場しそうな慣用句群がある。それらを仕分けし、それぞれの場所に相応しい形にして置いてみる。

逮捕状

言葉警察署

罪名	殺人	窃盗
被疑事実	・息 を殺した ・声 を殺した ・黙 殺した ・相 殺した ・忙 殺された ・褒め 殺しにした ・生 殺しにした ・欠伸《あくび》 を噛み殺した	・お株 を奪った ・十八番《おはこ》 を奪った ・瞳 を奪った ・心 を奪った ・人の目 を盗んだ ・暇 を盗んだ **十八番**＝その人の得意とする芸。「歌舞伎十八番」を、市川家が秘蔵したことによるといわれる。
罪名	傷害	器物破損
被疑事実	・尻 を叩いた ・陰口 を叩いた ・無駄口 を叩いた ・大きな口 を叩いた ・憎まれ口 を叩いた ・減らず口 を叩いた ・口火 を切った ・自腹 を切った	・肝 を潰した ・顔 を潰した ・暇 を潰した ・スペース を割いた ・時間 を割いた ・膝 を崩した ・心 を砕いた ・話の腰 を折った

コトバヤ 朝日店
いつでも 買い放題 SALE!!
まとめ買いもお得
怒り
顰蹙《ひんしゅく》
恨み
不興
失笑
不評
歓心
喧嘩
KOTOBA-OFF
お売りください！
恩
媚《こび》
顔
喧嘩
恒例朝市
毎朝 催し中
吐き気
尿意

STAURANT

煎じているもの

爪の垢

しゃぶれるもの

飴、骨

煮もの

業《ごう》、腸《はらわた》

焼きもの

世話、餅、手

こねているもの

屁理屈、駄々

冷やしているもの

肝、頭

飴をしゃぶらせる＝相手を乗り気にさせるため、うまいことを言ったりして喜ばせてだますこと。

業を煮やす＝思うようにいかず、いらいらすること。

KOTOBA RE

MENU

食えるもの

大目玉、肩透かし、人、煽《あお》り、泡、お預け、スカ、総スカン、巻き添え、弾み、待ちぼうけ、道草、門前払い、割り、面

食えないもの

その手

吸えるもの

甘い汁

齧《かじ》られるもの

脛《すね》、石

嘗《な》められるもの

苦汁、苦杯

飲めるもの

息、涙、生唾、固唾《かたず》、煮え湯

こぼせるもの

愚痴

弾みを食う＝思いがけずに他からのあおりを受けること。

石に齧りつく＝苦労をすること。どんなに苦しくても困難に耐えること。

言葉コスプレ ♥♥になる Cosplay

お螻《け》蛄《ら》

お釈迦

おじゃん

お陀仏

お払箱

有頂天

絵

鴨

缶詰

ぐる

虎

天狗《てんぐ》

お螻蛄になる＝手持ちの金がまったくなくなること。

お釈迦になる＝作り損なうこと。またあるものを使いものにならない状態にしてしまうこと。

鴨になる＝賭け事などで，相手の策略にだまされ，もうけの対象として利用されること。

缶詰になる＝仕事の能率をよくするためや，秘密がもれないようになどの理由で、一定の場所に閉じ込めておかれること。

虎になる＝ひどく酒に酔うこと。酔ってわけがわからなくなって、騒いだりする。

12
淋しい森林

俳句・短歌を超える新しい文学表現を提案したい。俳句に五・七・五や季語などの縛りがあるように、ここでは、同じ形を含んだ漢字だけしか使えないという縛りを設けて味わい深い短文を作ることに挑戦する。そして、集めた形の個数をポイントとして記録する。ちなみにタイトルの「淋しい森林」は、【木】で7ポイントである。

【凡例】

淋《サビ》しい森《シン》林《リン》

淋……2
森……3
林……2

【ロ】12ポイント

呼吸器を謳歌する

コキュウキをオウカする

オペラ歌手でもない限り、肺などの呼吸器は本来持っているポテンシャルの半分も普段は使っていない。せっかく備わった機能なのだから存分に使ってみよう！　青春を謳歌するように呼吸器も楽しもう！

【カ】8ポイント

脇に協力する男

ワキにキョウリョクするオトコ

ワキガに悩む男を助けるべくその男友達があれこれと奔走する様子。だが、その友達もワキガで、そのことに自分たちでは気づいていない集団だったりする。そんな灯台下暗し的な教訓が込められている。

【牛】9ポイント

牝牛が犠牲で特に犇めく犀

メウシがギセイでトクにヒシめくサイ

アフリカからはるばる日本に連れてこられた犀《さい》。トラックに乗せられ、港から動物園に向かう国道で、偶然並んだ肉牛運搬車。犀と牛は幌《ほろ》越しに見つめ合った。犀は牛の白い肌と豊満な胸に、牛は犀の野性味あふれる出で立ちに魅せられ、お互いのハートは破裂せんばかりの勢いで膨張した。それが二頭の悲しい恋の始まりだった……。

【メ】6ポイント

爽やかな殺気

サワやかなサッキ

これまで殺気といえば「ドキッとする」一辺倒だったが、殺気も細分化すればいろいろなタイプがあることを〝メ〟という形を集めることで奇しくも発見することとなった。

【月】8ポイント

朧月の明かりで棚が崩れる

オボロヅキのアカりでタナがクズれる

春、暖かくなってきて気持ちがいいので窓を開けて夜風に当たりながら夜空を眺めていた。雲が流れ、ゆっくりと満月が顔を出し始めた。その瞬間、部屋の本棚が倒れてきた。朧月のパワー。さすが龍を宿した月である。

【貝】6ポイント

贔屓して貰って負ける

ヒイキしてモラってマける

最悪のパターン。こんな事態には決して陥りたくないものだ。しかしゴルフでハンデをもらいながら負けたりするのは、まさにこのパターンではないか？　どうせ負けるならノーハンデでいさぎよく負けたいものだ。というか本来は、自分しかできない誰にも負けないオリジナリティを目指すべきなのである。

【舌】3ポイント

乱れ舐めで憩う

ミダれナめでイコう

人間には憩《いこ》いが必要だ。喧噪の中、機械的に過ぎゆく日常にうっかり身を任せたままでは人として壊れてしまう。さあ、人間らしさを取り戻すために人目を気にせずに乱れ舐めを！　高級レストランだっていいじゃない。

【夕】7ポイント

夕べ夥しい夢を外に移した

ユウベオビタダしいユメをソトにウツした

引きこもりだが夢はいっぱいあった。こもっている分、夢だけがどんどん増え続けた。「いつかその夢を形にしたい」。そう思ったらもう引きこもっているわけにはいかなくなり、夕べとうとう部屋から出た。そんな引きこもりからの健全な生還パターンもある。

【耳】7ポイント

恥囁き爺の餌は茸

ハジササヤキジジイのエサはキノコ

妖怪「子泣き爺」は、捨てられたかわいそうな赤子だと思わせて、通りかかる人におぶってもらった途端めちゃくちゃ重たくなって驚かせる。だが、妖怪「恥囁き爺」は、おぶってもらった途端に脱糞や失禁、先生をお母さんと呼んでしまったなど自分の恥ずかしい過去を囁きかけてくる。そんな恥囁き爺の主食は茸。

【寺】7ポイント

痔の侍等は寺で詩を持ち待つ

ヂのサムライラはテラでシをモチマつ

痔に悩む侍たちが集まるその寺は、薬や手術ではなく、特殊な方法で痔の治療を行なってくれることでつとに有名だ。患部に一切触れずに詩の朗読で傷を癒すのだ。痔の症状によって効く詩は違うが、痔持ちの侍等は自分の痔にうってつけの詩を吟味、持参してきて、ケツを剝き無惨な状態の肛門を住職に差し出し、その患部に向かって朗々と読みあげてもらう。その寺はいつも肛門に痛手を負っている侍が行列をなしていたという。

【未】7ポイント

味な妹の珠で株の未来に魅せられたい

アジなイモウトのタマでカブのミライにミせられたい

「僕の妹はなにかとセンスがいい。そのセンスを活かして彼女は占い師になる。そんな妹に水晶玉で将来有望な企業を占ってもらって、そこの株を大量に買い込んで大儲けして、左《ひだり》団扇《うちわ》で暮らしたい！」という兄の目論み。しっかり者の妹を持つ兄というのはたいてい、他力本願なダメ男である。

【火】9ポイント

螢の灯で燃やした炎で火災になりお灸される

ホタルのトモシビでモやした
ホノオでカサイになりおキュウされる

たとえそれが火事に繋がるようなイタズラだったとしても、人命に関わることとさえなければ、子供の好奇心からの失敗にはお灸を据えるくらいがちょうど良い。それくらいの罰が「二度と失敗をくり返さない」「未知なるものに果敢に挑戦する心を失わない」の大切な両立を育むことになる。

【鬼】9ポイント

魑魅魍魎の塊で魘される醜い魂の鬼

チミモウリョウのカタマリでウナされる
ミニクいタマシイのオニ

どんな世界でも、犯してはならないモラルが存在する。鬼と人の世界のモラルも、形は違えど本質は同じ。心のありかたが問われるのである。たとえ鬼でも、魂だけは醜くならないようにしていないと、寝ても覚めても悪夢に見舞われてしまう。

【羽】6ポイント

翼に習い扇を翻し翔る翁

ツバサにナラい
オウギをヒルガエしカケるオキナ

〝六十の手習い〟ということわざがあるように、習い事はいくつから始めても遅いことはなく、本気で立ち向かえば老人になってからでも鳥のように自力で羽ばたいて空を飛べる。という、いつまでも夢を捨てないことの大切さ、その素晴らしさを歌いあげた。

【車】9ポイント

轟き軽く軋轢転じ運輝く

トドロキカルクアツレキテンじウンカガヤく

軋轢があるときは轟々《ごうごう》と騒ぎたてず軽く流してやると気運がよい方向に向き、転じて輝きだすものである。という、とても含蓄《がんちく》のある教訓。

【妻】3ポイント

凄まじい妻は棲む

スサまじいツマはスむ

自分でチョイスしておきながらその旦那を冴《さ》えない生き物として責め、その腹いせのごとく子供のお受験に躍起になってストレスの塊と化すような女房は、もはや「住む」というより「棲む」という表現が似合う獣となってしまっている。

【几】6ポイント

風凪いで鳳凰と凧の嵐

カゼナいでホウオウとタコのアラシ

台風一過の直後に、凧に絡まって身動きが取れなくなった鳳凰が大量に嵐のように空から降ってきた。これって、縁起がいいのか悪いのか？　なんだかよくわからない状態である。

【十】9ポイント

博士十針で早朝汁叶う

ハカセジュッハリでソウチョウジルカナう

普通の出征兵なら千人分の針の協力で命が助かるところが、さすが博士ともなるとほんの十人分で朝っぱらから美味しい味噌汁をゲットするという願いが叶うという喩え。

【九】6ポイント

旭九つで倅
鳩究め砕ける

アサヒココノつでセガレハトキワめクダける

ハトを飼いたいとせがんできた息子に、自分でちゃんと世話をするならという条件で許してやったら、九日九晩不眠不休でハトの世話をして九回目の朝日が昇る頃に身も心もボロボロに砕けて死んだ。ことハトの飼育に関しては軽はずみに条件を出すものではない。

【青】6ポイント

青の精は静かに
鯖に晴れを請う

アオのセイはシズかにサバにハれをコう

虹は七色をそれぞれ七人の妖精が担当していることは皆さんご存じでしょうが、リーダーが青担当の妖精だということもご存じでしょうか？　実は彼が雨上がりのタイミングを見計らって青空を招きよせ、虹を出現させているのです。そんなとてもパワフルな青の精ですが、青の精だけにたまにはブルーになることがあります。そんなとき、サバにこっそり鯖雲を呼び寄せてもらい雨雲を追いやってもらうのです。

【犬】9ポイント

犬は吠えたり嗅い
だり黙って伏せた
りする獣。然し燃
えるのは厭がる

イヌはホえたりカいだりダマってフせたりするケモノ。シカしモえるのはイヤがる

やはり「犬」という形を集めると、犬のことがあらためてよくわかるものである。

【足】7ポイント

躑躅は躊躇したが蹲踞《そんきょ》し、そして踊った

ツツジはチュウチョしたがソンキョし、そしてオドった

これは、〝足〟という形が含まれている漢字以外は一切使わずに書かれたファンタジー小説〝Ashice's Adventures in Wonderland〟の感動的な一節である。

【魚】5ポイント

鯉は薊を鱗にして鮮やかに蘇る

コイはアザミをウロコにしてアザやかにヨミガエる

鯉は滝を上って龍になろうとするが、そう簡単になれるわけがなくほとんどのものが息絶えてしまう。滝を上るためには生身の鯉のウロコ程度の摩擦では無理だ。そう、必要なのはアザミのチクチク。何度も失敗しボロボロになり滝壺で息絶え絶えになっている鯉の中に、そのことに気付くものがごくわずかにいる。ウロコ代わりにアザミをまといラストチャンスに賭ける鯉。その鯉は勿論見事に龍と成る。

【龍】4ポイント

瀧にて籠で龍を襲う

タキにてカゴでリュウをオソう

瑞獣《ずいじゅう》の最高峰の龍を捕まえたい。歴史に名を連ねる英雄たちは、龍さえ手に入れれば天下が取れるとこぞって龍猟に精を出した。そんな龍猟の中で最も一般的な方法がこれである。瀧と戯れているときの龍はアルファー波に包まれてリラックスしまくりの状態にある。そこを巨大な籠でそ〜っと襲うのである。

【連】4ポイント

ソ連の漣で蓮が縺れる

ソレンのサザナミでハスがモツれる

「ニュースです。先ほど旧ソ連時代に起きたさざ波が、距離と時間をたっぷりかけて大きな波となり極楽浄土に影響を及ぼしたとのことです。蓮池の蓮の花の上で気楽にかまえていた仏どもは大わらわで、現在、縺《もつ》れた蓮をほどく作業に突入したとのことです」

【米】6ポイント

奥歯に菊の謎に糞迷う

オクバにキクのナゾにクソマヨう

連続猟奇殺人事件。被害者の奥歯には必ず菊の花びらが挟まっている。犯人の目的は?! そして、その菊の意味は?! この前代未聞の事件には金田一米助も明智米五郎もきりきり米《まい》でまるで新米のごとき迷探偵状態! もはや迷宮入りするしかないのか?!

【灬】8ポイント

熱烈に燕蒸し態煮て煎じて黙る

ネツレツにツバメムしクマニてセンじてダマる

なぜか急に思い立ちツバメを蒸して、クマと一緒に煮て煎じて飲んでみた。そのマズさときたらとんでもなく、どうにも喩えようもないので黙るしかなかった。しかし良薬は口に苦しと言う。これだけマズいとなると何かの特効薬かもしれない。

【見】5ポイント

蜆を見て寛ぐ親を窺う

シジミをミてクツロぐオヤをウカガう

シジミを見ながら寛いでいる親をこっそり見ていて、いつしか自分が寛いでいることに気付きハッとした。あれほど反抗していた親なのに、鬱陶《うっとう》しいだけの存在だったはずの親なのに、なぜかシジミを見ている親の姿にシミジミした。シジミジジミした。

【田】6ポイント

その男、異界の画に略される畏れあり

そのオトコ、イカイのエにリャクされるオソれあり

その男はいったいどんな罪深いことをしでかしたんだろう？ ヒエロニムス・ボスのあの奇妙すぎる地獄絵の中に簡略化されて閉じ込められてしまうなんて！ ああイヤだイヤだ！ 恐ろしい恐ろしい！ 知りたい！ あそこに封じ込まれないようにするには、どうしていたらいいのかを！

【毛】8ポイント

毳い橇の毛を毟る

ケバいソリのケをムシる

「一つ。もし橇に派手に毛が生えたら毟ること」。【毛】を集めたら、偶然にもリュージュ競技の第一の心得と一致した。

【女】8ポイント

妙に娑婆で姦しい娼婦

ミョウにシャバでカシマしいショウフ

「では発表します！ 第一位は?! 〝風営法に引っかかり、しばらく拘留された後、解放された瞬間の娼婦たち〟です！」 〝ワールド・オブ・姦しいランキング〟のチャンピオンが決定！

【人】17ポイント

齷齪しながら傘を齧れば閃く

アクセクしながらカサをカジればヒラメく

人はどこかからやってくる閃きを形にして進化してきた。閃きこそが人間の幸福を多様にしてきた。だから、どんどん閃きたい、コンスタントに閃きたい。ところがそうはいかない。閃きはやって来たり来なかったり、実に気まぐれだ。もし閃きが必ずやってくる法則があれば……それがこれか?!

13
勢い書き順

漢字の書き順を自由奔放に、快感優先で、勢いにまかせて書いていき、フィニッシュと同時に絶頂感に浸ろう!

冊　冒　多　火炎

雨雲	黒点	盲目
一	丶	丶
雨	黒	盲
雨	黒	盲
雨	里 ト	盲 丨
雨	里 占	盲 日
雨 雲	黒 点 一気に！	盲 目 一気に！
雨 雲 一気に！		

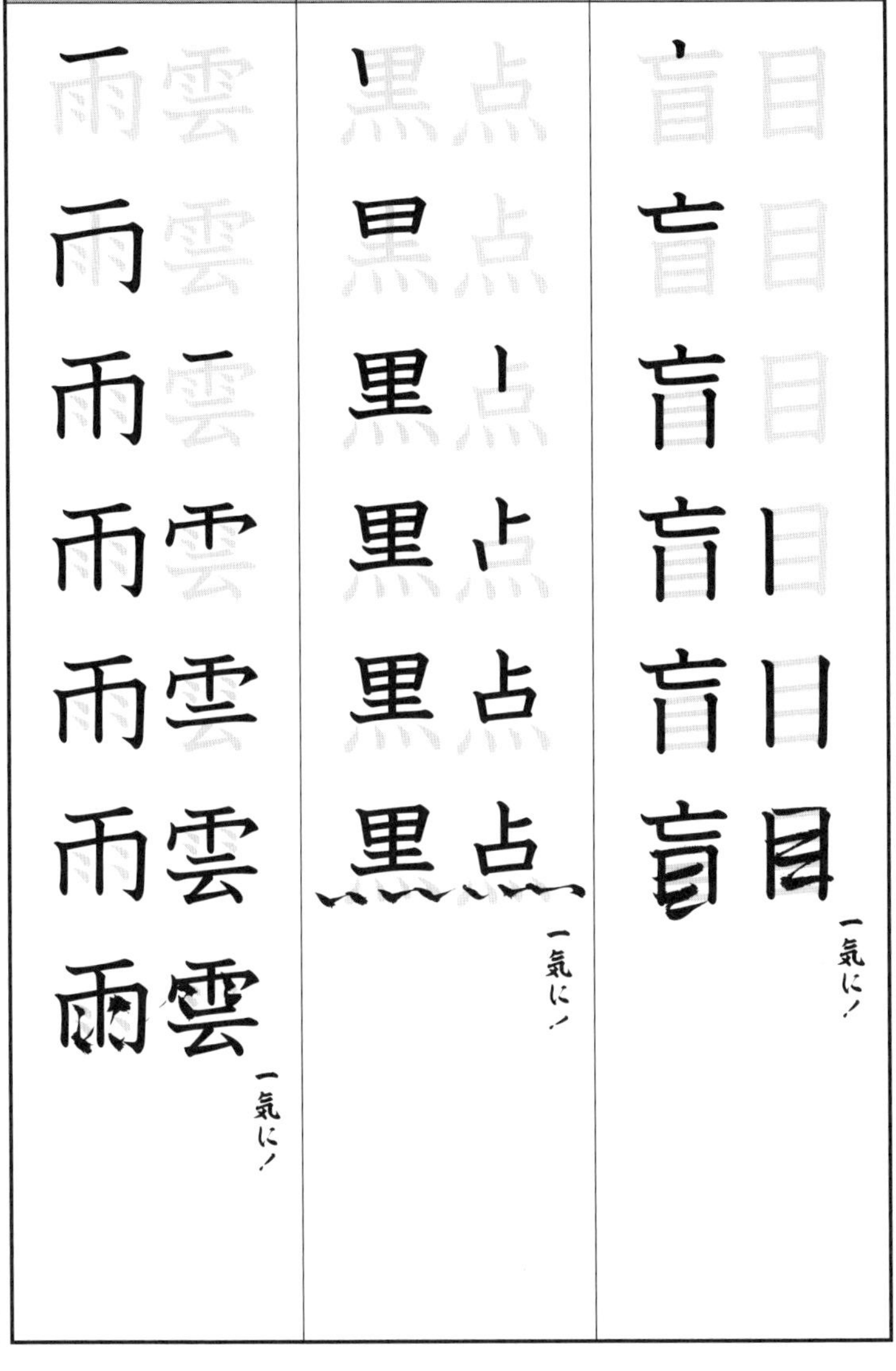

嘔吐

一気に！

回路

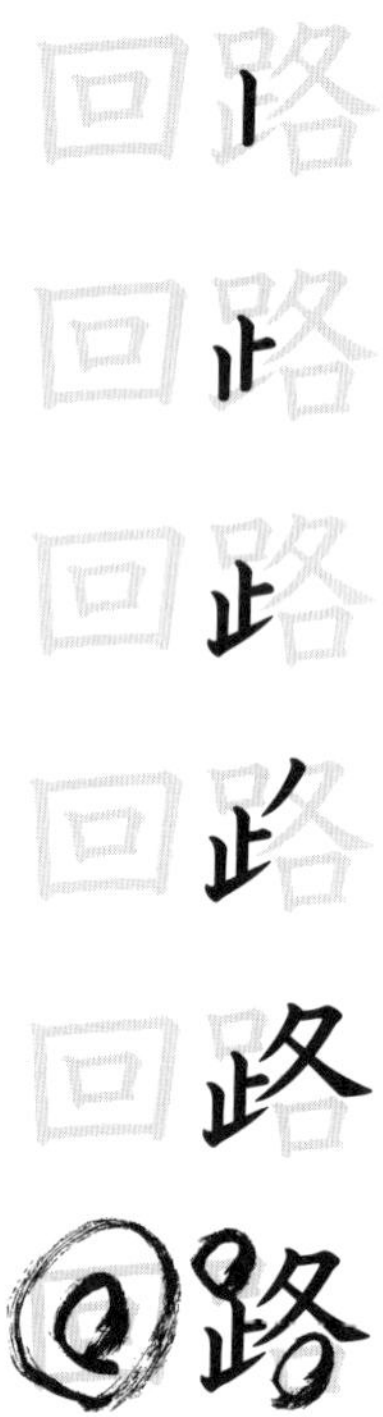

一気に！

器用

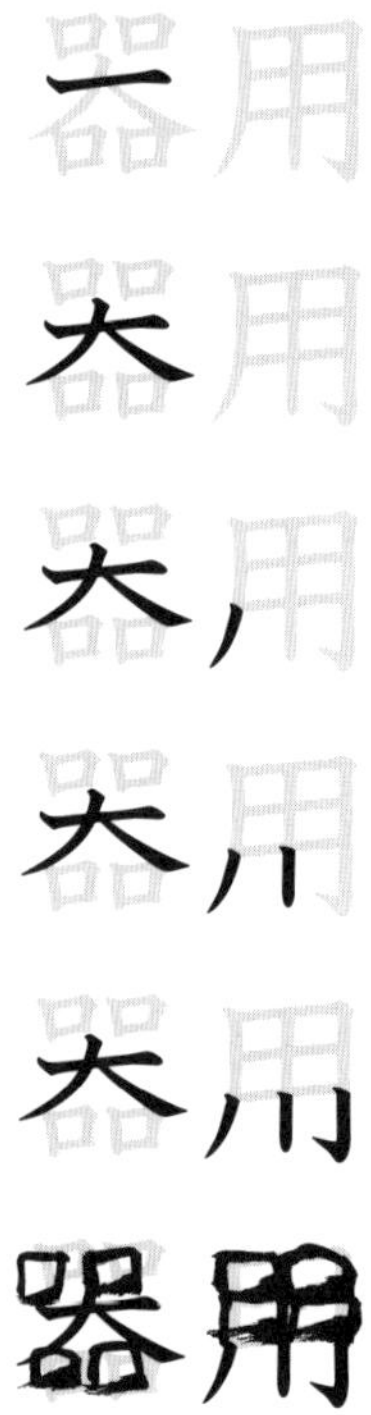

一気に！

完全無欠	杉本彩

ビジュアル言葉

魚

フグ

◉和名

河豚

◉英名

Globefish

地球魚

カジキ

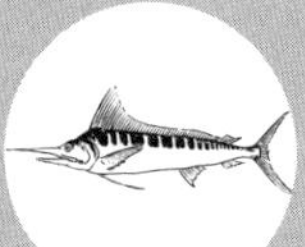

◉和名

旗魚

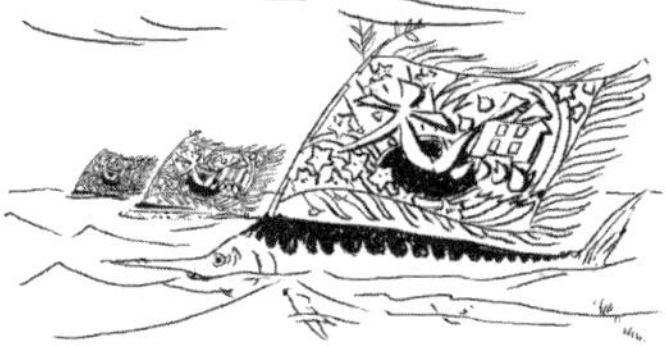

◉英名

Swordfish

剣魚

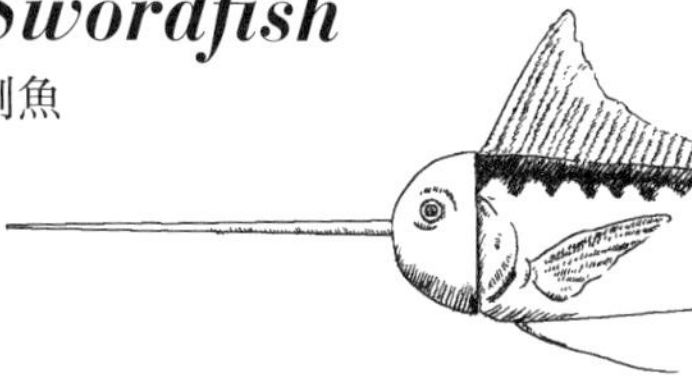

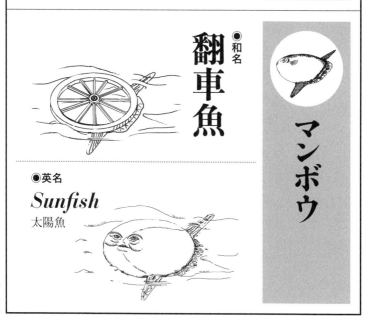

マンボウ

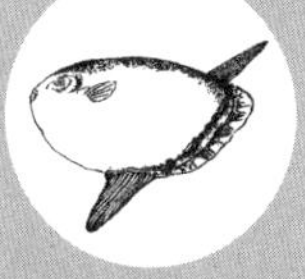

◉和名

翻車魚

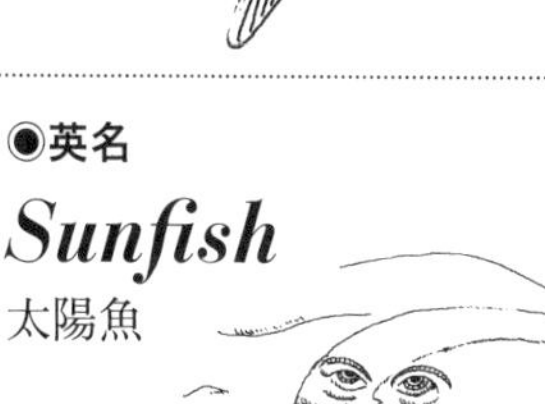

◉英名

Sunfish

太陽魚

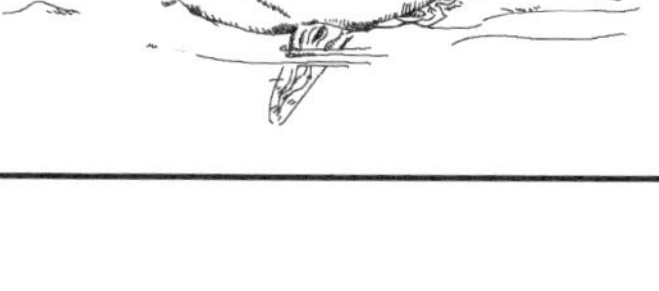

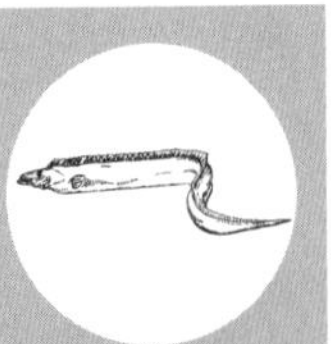

タチウオ

◉和名

太刀魚

◉英名

Ribbonfish

リボン魚

シュモクザメ

◉和名

撞木鮫

◉英名

Hammerhead Shark

ハンマー頭鮫

ハリセンボン

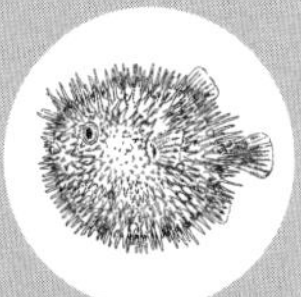

◉和名
針千本

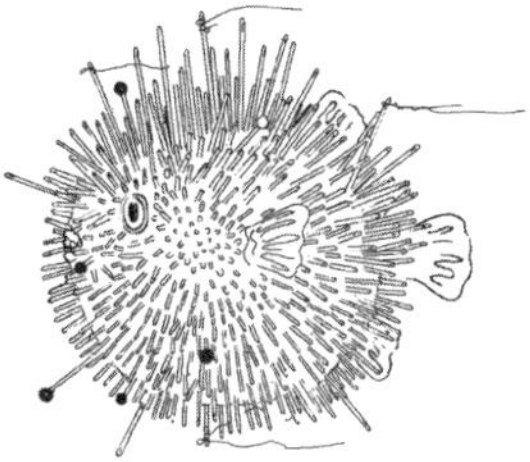

◉英名
Porcupinefish
ヤマアラシ魚

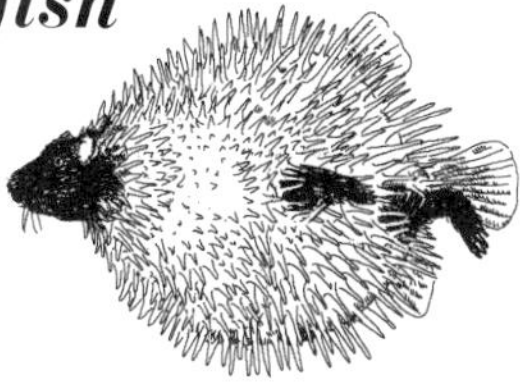

ハコフグ

◉和名
箱河豚

◉英名
Cowfish
牛魚

カサゴ

◉和名
笠子

◉英名
Scorpionfish
蠍魚

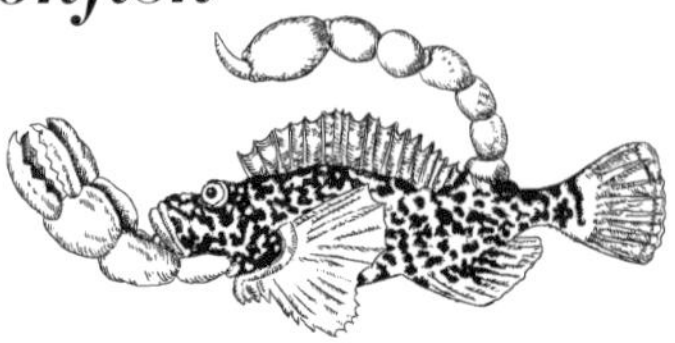

チョウチンアンコウ

◉和名
提灯鮟鱇

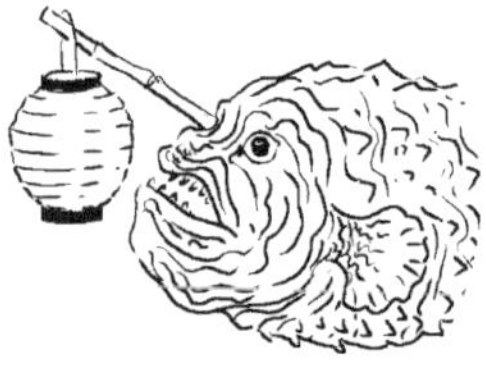

◉英名
Anglerfish
釣り人魚

ライギョ

◉和名

雷魚

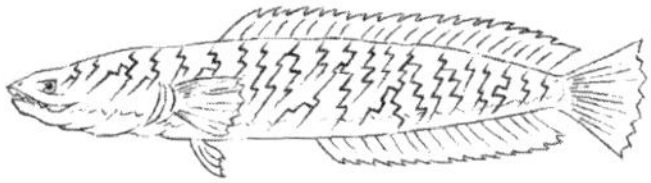

◉英名

Snakehead

蛇頭

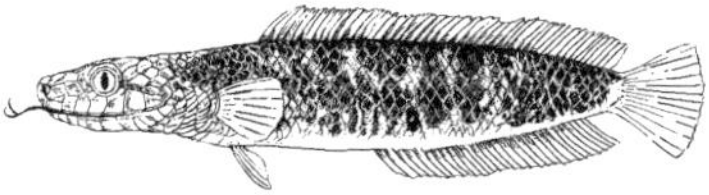

シタビラメ

◉和名

舌平目

◉英名

Sole

靴底

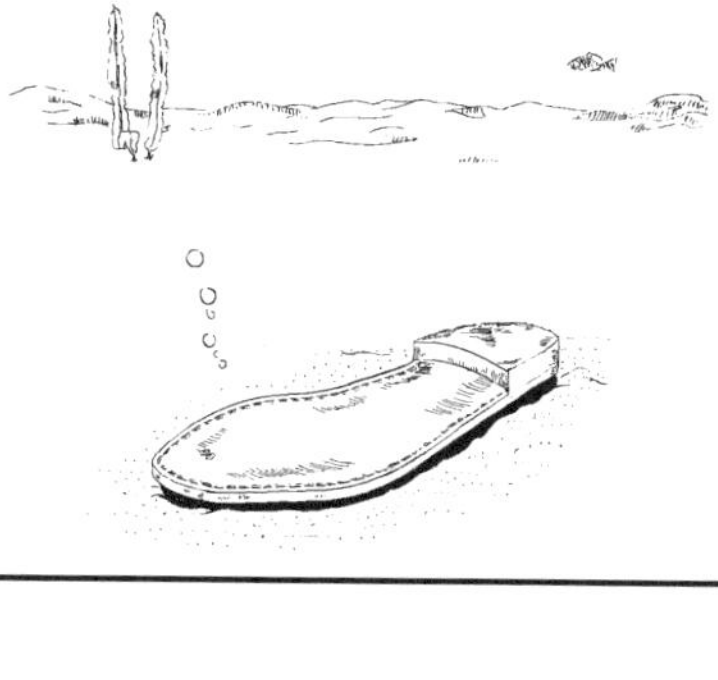

クマノミ

◉和名

隈之実

◉英名

Clownfish

道化魚

ナマズ

◉和名

鯰

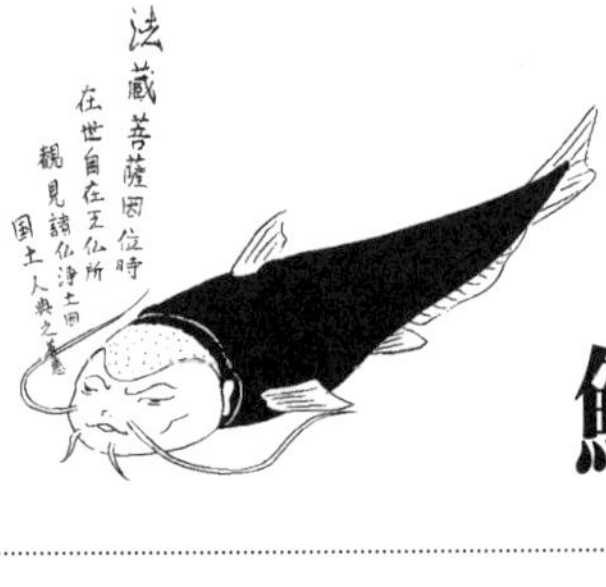

◉英名

Catfish

猫魚

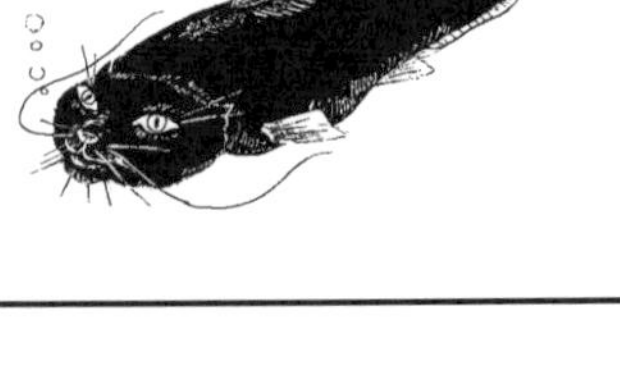

カワハギ

◉和名
皮剝

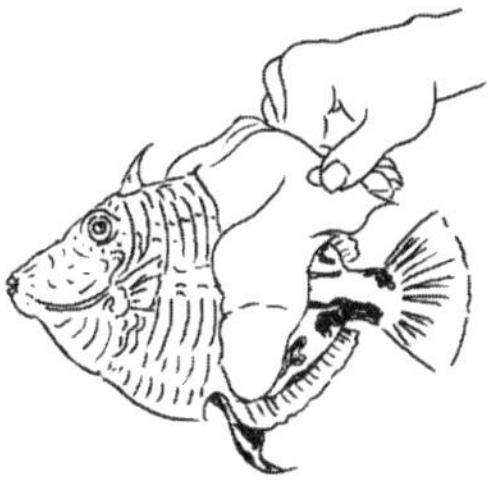

◉英名
Filefish
やすり魚

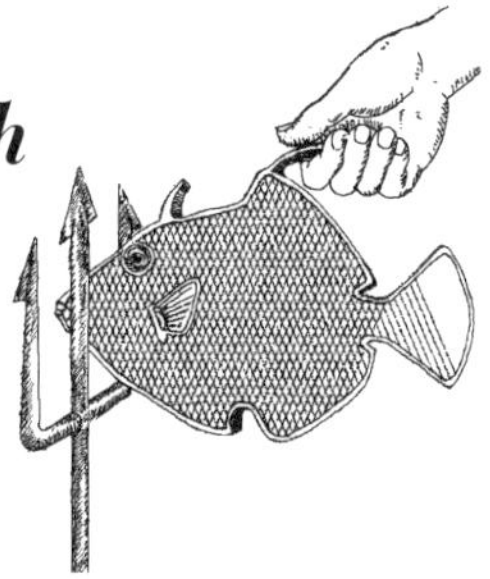

イトマキエイ

◉和名
糸巻鱝

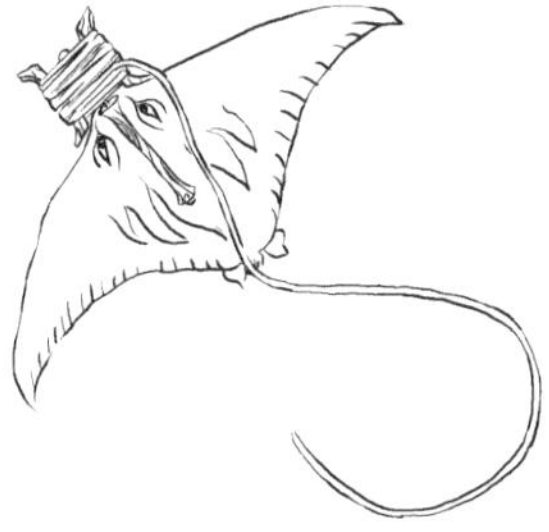

◉英名
Devil Ray
悪魔鱝

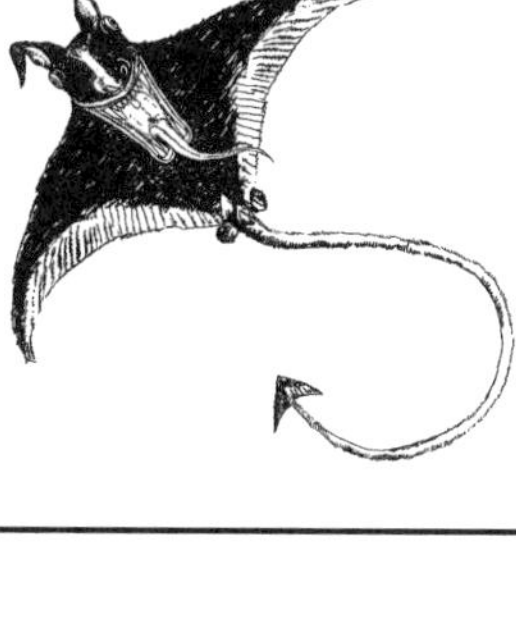

14

ややこしい！言葉

同じ文字面で違う意味。会話や文章の中に混在して出現すると一瞬「？」となることがしばしばある。まだまだ言葉が足りていない。もっと個別の言葉を増やしていく必要がありそうだ。この項では、そんな勘違いを誘発しがちな「どっちやねん?! ややこしいなあ！」な言葉を集めて並べてみた。

【凡例】

ややこしい！言葉　意味

運動

スポーツ？

主張行動？

Ⅰ どっちのことやねん?!

主張行動？	運動	スポーツ？
月経？	生理	生命現象？
昆虫の？	変態	人間の？
一杯分？	いっぱい	たくさん？
異常？	おかしい	面白い？
興味深い？	おもしろい	笑える？
背中？	背	身長？
頭部全部？	首	ネック？

将来の？	夢	寝て見る？
ネイチャー？	自然	ナチュラル？
クエスチョン？	問題	プロブレム？
ちょうどいい？	適当	おおざっぱ？
丁度いい？	いい加減	手抜き？
おべっか？	調子がいい	上り調子？
拒否？	大丈夫です	了承？
NG?	結構	OK?
危ない？	ヤバい	すごい？

交通？	便がいい	うんこ？
ズボン？	パンツ	下着？
飲み屋？	スナック	お菓子？
音楽の？	ジャム	パンに塗る？
音楽の？	パンク	車の？
24時？	12時	0時？
見る？	watch	時計？

Ⅱ　どっちで読むねん?!

じゅっぷん？	十分	じゅうぶん？
つらい？	辛い	からい？
におい？	臭い	くさい？
しんちゅう？	心中	しんじゅう？
さいちゅう？	最中	もなか？
ほくろ？	黒子	くろこ？
くにたち？	国立	こくりつ？

いちば？	市場	しじょう？
ひすい？	翡翠	かわせみ？
しきし？	色紙	いろがみ？
かみて？	上手	じょうず？
ひたい？	額	がく？
かな？	仮名	かめい？
いちにんまえ？	一人前	ひとりまえ？
いちぎょう？	一行	いっこう？

にほ？	二歩	にふ？
ぎんなん？	銀杏	いちょう？
そら？	空	から？
おおや？	大家	たいか？
おとなげ？	大人気	だいにんき？
かざぐるま？	風車	ふうしゃ？
すじにく？	筋肉	きんにく？
おおいた？	大分	だいぶ？

ひとつき？	一月	いちがつ？
さむけ？	寒気	かんき？
おおごと？	大事	だいじ？
いけばな？	生花	せいか？
さが？	性	せい？
ひとけ？	人気	にんき？
なにじん？	何人	なんにん？
もみじ？	紅葉	こうよう？
すぶり？	素振り	そぶり？

ふんべつ？	分別	ぶんべつ？
おふだ？	お札	おさつ？
とめる？	止める	やめる？
あな？	穴	けつ？
みょうちょう？	明朝	みんちょう？（字体）

ちょっとちゃうけど……

苦い	苦	苦しい
細い	細	細かい
気配	気配	気配り

Ⅲ どれやねん?!

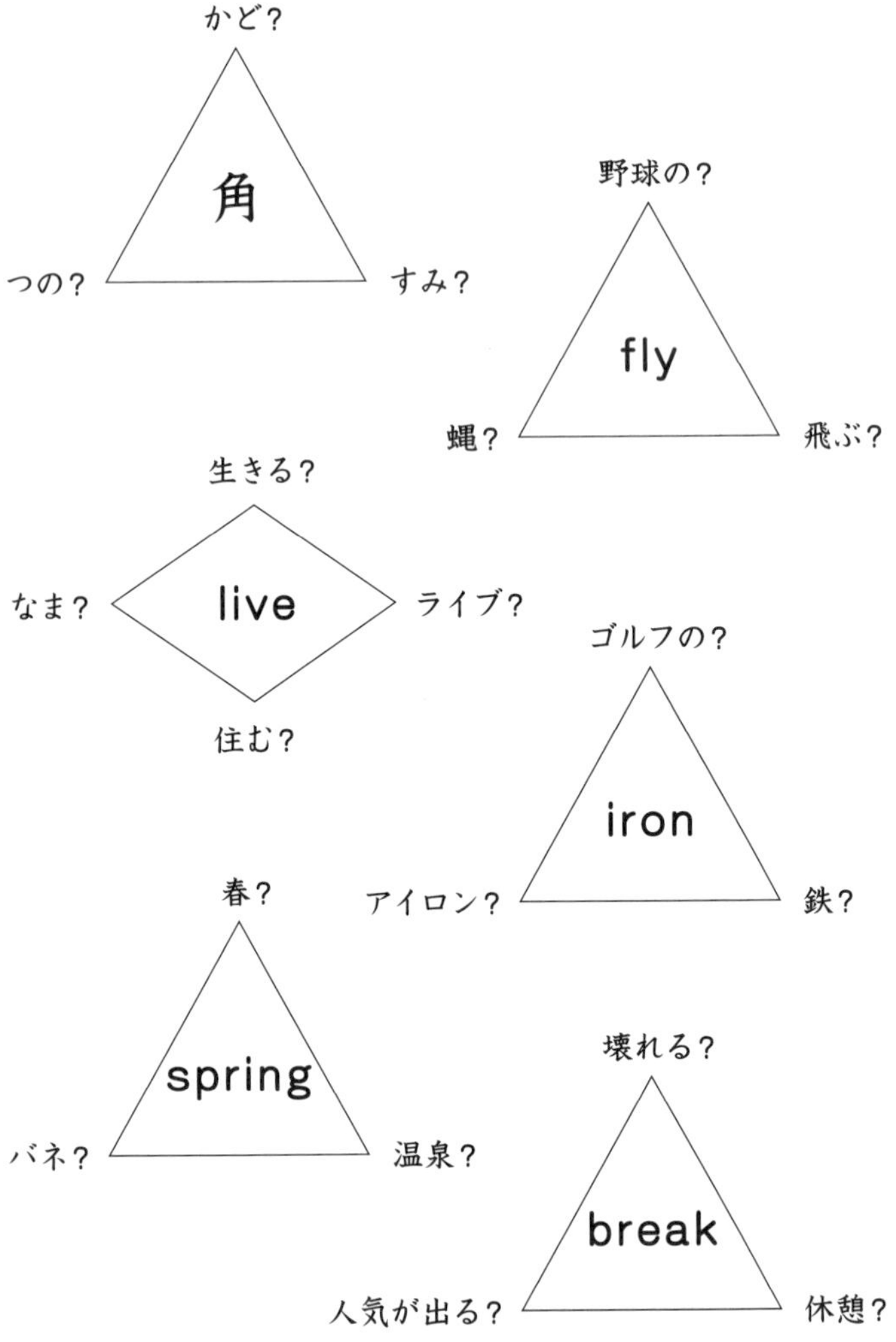
かど？
角
つの？
すみ？
野球の？
fly
蠅？
飛ぶ？
生きる？
なま？
live
ライブ？
住む？
ゴルフの？
iron
アイロン？
鉄？
春？
spring
バネ？
温泉？
壊れる？
break
人気が出る？
休憩？

Ⅳ　形がそっくりやん!

【カタカナ】	【漢字】
エ	工
カ	力
タ	夕
ト	卜
ニ	二
ヌ	又

ハ	八
ミ	三
メ	〆
ロ	口

【ひらがな】	【漢字】
え	之
せ	也
ん	人

【カタカナ2文字】	【漢字】
カロ	加
イニ	仁
タト	外
イヒ	化
イム	仏
ネレ	礼
チリ	刊

【カタカナ応用】　　　　　　　　【漢字】

ハ ム	――――	公
ウ エ	――――	空
キキ ヨ	――――	彗
サ ム 口	――――	苔

【その他】

l日	――――	旧
E	――――	ヨ

15

ピラミッド漢字

同じ漢字三つを正三角形状に配置し作られている漢字を「ピラミッド漢字」と名付けた。意外に数があり、集めて並べて眺めてみたら、なんだか神秘的だ。なぜわざわざ「×3」にしたかったのか？三倍にすることで意味がどう変化するのか？ピラミッド漢字が生まれた頃のことに想いを馳せながらお楽しみいただきたい。おまけに「×4」「×5」の漢字も付けた。存在は確認できたが、意味が不明なものは「?」と表記した。

森

垚　焱

飍　磊　淼

姦　孨　尛

惢　毳　㐂

森　もり

焱　ほのお　炎より盛んなさま

垚　ギョウ　堆《うずたか》く積もった土

淼　ビョウ　水面が果てしないさま

磊　ライ　石がごろごろしているさま

飍　キュウ　大風

尛　ショウ　泥棒

孨　セン　弱い

姦　かしま-しい　騒々しい

掱　バ　「摩《ば》」の古字

㐂　キ　「喜」の異体字

毳　けば　鳥獣の柔らかい毛

惢　ズイ　「蕊」に同じ

聶　ジョウ　ささやく

𦧸　カ　悪口を言う

掱

聶

𦧸

品　しな

瞐　ボウ　美しい目

晶　ショウ　きらめくさま

皛　キョウ　あきらか

畾　ルイ　音符

矗　チク　そびえ立つ

贔　ヒ　肩入れをすること

蟲　むし　「虫」の正字

猋　ヒョウ　走る犬の群れ

犇　ひしめ-く　一か所に多く集まること

羴　なまぐさ-い　生臭いこと

鱻　セン　あたらしい

品

瞐　晶　皛

畾　矗　贔

鳥鳥鳥　チョウ　鳥の名前

驫　ヒュウ　走る馬の群れ

麤　あら-い　きめが粗い

龘　トウ　龍の行くさま

蟲

犇　猋

鳥鳥鳥　鱻　羴

龘　麤　驫

众　シュウ　「衆」の簡体字
厽　ルイ　土を重ねた垣
卉　キ　（栽培した）草
叒　ジャク　神木
芔　キ　「卉《き》」の本字
刕　リ　「州」の異体字
劦　キョウ　協力する
歮　ジュウ　「澀（澁）」に同じ
雥　ソウ　集まる
嚞　テツ　「哲」の異体字
鑫　キン　富んでいる

譶　トウ　早口で言う
厵　ゲン　「源」のこと
灥　セン　多くの泉
轟　とどろ-く　大きな音を響かせる
飝　ヒ　？
靐　ヒョウ　雷の音
䨺　タイ　雲の様子

厵 歮 灥 叒 雥 轟

众

卉　厽

劦　刕　芔

譶　鑫　嚞

䨺　靐　飝

㐺　グ　先のことを考えること

⿱⿰厶厶⿰厶厶　ユウ　ぼんやりしているさま

叕　テツ　綴る

㗊　シュウ　かまびすしい

𤳳　ライ／キ　雷

⿱⿰囚囚⿰囚囚　ライ　？

⿱⿰甲甲⿰甲甲　サツ　？

𨏻　コウ　？

𧮦　シ　？

小小小小　ヂャオ　「小」に同じ

石石石石　ライ　多くの石が重なり合っているさま

竹竹竹竹　シキ／サツ　？

燚　イツ　火が燃えるようす

水水水水　バン／マン　下水

門門門門　トウ　？

風風風風　ヒュウ　風

雲雲雲雲　ノウ　雲が広がるさま

雷雷雷雷　ホウ　雷の鳴り響く音

牛牛牛牛　グン　？

魚魚魚魚　ギョ　魚がさかんなさま

龍龍龍龍　テツ　言葉が多い

老老老老　ボウ　？

金金金金　ホウ／ギョク　？

泉泉泉泉　トウ　？

興興興興　セイ　？

人人人人　トウ　盗む

口口口口口　ヨウ　要。体の中心、腰

16

漢字の新しい覚え方

昔の人は【櫻】（桜の旧字体）という漢字を「二貝の女が木にかかる」→「二階の女が気にかかる」【戀】（恋の旧字体）という漢字を「糸し糸しと言う心」→「愛し愛しと言う心」【親】という漢字を「木のうえに立って見る」と覚えたという。そんな覚え方パターンを進化させ増やすべく、漢字の成り立ちの新解釈を提案したい。

憩

読み　いこ‐い

舌を出してハアハア息をする犬のごとく、休むことに没頭するのが本来の憩い

尋

読み　たず‐ねる

ヨはエロっぽいことを一寸だけ尋ねたいのじゃ

臭

読み　くさ‐い

自分を大きく見せようとする行為は臭い

議

読み　ギ

羊のような人間でも、我を出して言わないと何も議決しない

勉

読み　ベン

勉強することで力仕事を免れよう

戻

読み　もど‐る

戸口に大の字で寝ている不審者がいるから戻ろう

涙

読み　なみだ

涙は人が太古にいた海に戻りたいと思う気持ちから出てくる。だからしょっぱい

意

読み　イ

人に本気で意を伝えたいなら心から音を鳴らせ

閃

読み ひらめ-き

脳にある閃きの**門**を開けてくれるのは**人**

その自分の門の鍵穴に合う鍵を持った人

嬉

読み うれ-しい

女が**喜**ぶ。すると、男は嬉しい

仇

読み かたき

野球の試合では相手**九人**全員が仇

翁

読み おきな

人も空を飛べると**公**に**羽**ばたいていいのは翁になってから

粋

読み いき

九割り**十**割り、混ぜものがほとんどない**米**を食うのが粋

酔

読み よ-う

九杯も**十**杯も**酒**を飲んだら酔う

望

読み のぞ-み

王が**亡**くなったその**月**の間には民主主義への望みがある

貧

読み まず-しい

貧しいから**分**けてください、**貝**を

蛇

読み　へび

虫を見つけてウヒ！とうれしそうに食べる蛇

崩

読み　くず-れる

山に月がドン！月がドン！と二回ぶつかったら崩れた

軟

読み　やわ-らかい

ボディーが軟らかいのは欠陥車

猛

読み　モウ

自分の子を皿の上に乗せられた犭《けもの》の気持ちは猛！

触

読み　ふ-れる

どう？その角虫《つのむし》、触ってみる？

態

読み　わざ-とらしい

能を見せびらかす心は態とらしい

魂

読み　たましい

鬼が云《い》ってきた。「魂もらうよ」

誓

読み　ちか-い

遠くからでも折り入って言うことが誓い

鞭

読み　むち

鞭は人に言うことを聞かせる便利な革

黙

読み　だま-る

犬が灬（……）と黙って里に帰っていった

魅

読み　み-せる

人はあくまでも鬼未満でないと何者をも魅了することはできない

蝉

読み　せみ

蝉は意外と単独行動する虫

曇

読み　くも-り

日が出るのか雨が降るのか、なかなか云ってこないのが曇り

篭

読み　かご

小さな竜を入れておく竹製の入れ物が篭

謝

読み　あやま-る

矢を射ったあとでゴメンって言って謝られてもな……

聴

読み　き-く

聴いたら耳に徳ですよ！

鼾

読み　いびき

鼻を干したほうがいいかも、その鼾だと

鬪

読み　たたか-う

門の中で一寸しかなくなった豆の取り合いで闘う

囁

読み　ささや-く

口対耳＝1対3と、聞く姿勢が三倍必要とされるのが囁き声

蟠

読み　わだかま-る

二人で交互に虫の番をしているうちにいやな気持ちが胸に蟠った

囀

読み　さえず-る

専用車両口で「ム！」と囀る

韻

読み　イン

音楽会員は韻を踏む

昼

読み　ひる

昼は時間的に一旦休める尺

蟹

読み　かに

解体することが前提の虫って！　蟹があまりにもかわいそう

蟻

読み　あり

女王に忠誠を尽くす**義**理堅い**虫**といえば蟻

蠍

読み　さそり

そろっと近づいて後ろから襲ってくる、**喝**《かつ》を**欠**く**虫**といえば蠍

轢

読み　ひ-く

轢く行為は**車**側は**楽**しいのか？だから事故が絶えないのか

飆

読み　つむじかぜ

犬が三匹クルクルと追いかけっこしてるっぽい**風**が飆

襲

読み　おそ-う

龍は**衣**を纏《まと》って襲ってくる

聾

読み　ロウ

龍の**耳**は聾

鐘

読み　かね

「鐘ひとつき10円」と**童**から**金**をむしり取る

歌

読み　うた

歌は世の中に不可欠なもの、いやそれ以上、**可可欠**なもの

朝

読み　あさ

午前十時より早い、月がまだ居残っている時間が朝

驚

読み　おどろ-く

馬さえも敬うような人は驚きに値する

踝

読み　くるぶし

踝は足に生《な》った果実

窓

読み　まど

窓を開けたらウ～ハ～ム～な心に

鰐

読み　わに

魚に口《くち》口《ぐち》で一万回言いくるめたら鰐になる

鬱

読み　うつ

林缶ワ米コーヒーを三杯（リンカーンはアメリカンコーヒーを三杯）飲んで鬱に

鸚鵡

読み　おうむ

貝貝（二階）の女と武士がしゃべっているのかと思ったら鳥と鳥だった

蝙蝠

読み　こうもり

副編（集長）にごまをすって俺たち部下を虫けら扱いする態度はまるで逆さまの蝙蝠だね

17

比喩表現の夕べ

日本語の比喩は多様である。日本人は比喩を駆使しまくって表現する。そんな大量に煩雑に存在する比喩をまずは整理してジャンル分けし、その上でいくつかの文章表現に落とし込んで創作してみた。皆々様、今宵は、日本語の滑稽さをどうぞご堪能くださいませ。

コント

「道具表現な男達」

株式会社ドーグダラーケの喫煙スペースで雑談している釜本、椀田、鍋島の三人

【槍】

釜本「横**槍**を入れられるぞきっと」
椀田「どうせ**槍**玉にあげられるよ」
鍋島「雨が降ろうが**槍**が降ろうが俺は社長秘書の膳野箸子に一本**槍**だ！」

【剣】

釜本「社長にすごい**剣**幕で怒られるぜ」
椀田「きっと**剣**もほろろに断られるさ」
鍋島「たしかにあの娘は諸刃《もろは》の**剣**《つるぎ》的なところはある。しかし、俺にとっては今日が**剣**《けん》が峰《みね》なんだ！　真**剣**勝負なんだ！」

【矢】

釜本「おまえ**矢**鱈《やたら》やる気だな」
椀田「しかし、無理**矢**理はやめろよ」
鍋島「**矢**っ張り？」

剣が峰＝もうあとのない、ぎりぎりの状態。

【鎖】

そこに社長が**矢**庭に登場

社長「こら！　こんなところでなにやっとるんだ！　まったく**閉鎖的**なやつらじゃな。そんなことではダメダメ**連鎖反応**が起きてしまうわ！　ええい！　ただちにここを**封鎖**せい！」

鍋島「そんなことをしたら喫煙者が**鎖国状態**に陥ってしまいます！」

社長「うるさい！　とにかくわしは**鎖骨**が痛いんじゃ」

【刀】

釜本「社長！　わたしが**助太刀**いたします！」

社長「おう、おまえは我が社きっての**両刀使い**」

釜本「社長！　もっと**単刀直入**にゲイと言ってください。そしていつか僕とケーキ**入刀**を！」

社長「いらぬわ！　とにかく**執刀**医を呼んでくれ！」

【鎌】

社長に拒否されたことに興奮して**鎌首をもたげる**釜本のアソコ

釜本「社長が**鎌かける**からこんなになっちゃいました」

鎌首をもたげる＝蛇やカマキリが攻撃の時に頭を上げるさま。

【鉄砲】

【扇】

【車】

鍋島「おいおい！　さっきからおまえの言動、無**鉄砲**すぎるぞ。誰かこいつに肘**鉄砲**食らわせてやってくれ」

釜本「そんなこと**扇動**するなよ！　ちょっと社長に**扇情**されてしまっただけなんだから」

椀田「あぁあ〜おれにも社長みたいに**左団扇**《ひだりうちわ》な暮らしをさせてくれ〜」

鍋島「なんでこのタイミングでおまえが**横車を押す**んだ」

社長「そうじゃ！　おまえらわかっとらんな。我が社は**火の車**なのじゃぞ！」

釜本「なるほど〜。では、とりあえずここでいったん全員で**車座**になりませんか」

社長「そんな**口車**にわしが乗るとでも思っとるのか！」

そこに**花車**《きゃしゃ》なOLが通りかかる

社長「ん？　おまえはどこの娘じゃ？　ちょっとこっち来い。**肩車**をやらせてくれ」

鍋島「お！　社長の申し出を無視とは、**高飛車**な女ですねえ」

社長「そういう態度によけい**拍車がかかる**んじゃ。娘よこっちへ来てわしに**膝車**を掛けてくれんか」

扇情＝感情や欲望、情欲をあおり起こさせること。　**左団扇**＝安楽で優雅な暮らしのたとえ。
横車を押す＝無理難題をふっかけること。　**花車**＝華奢の別表記。壊れそうにかよわい様子。

【箱】

鍋島「また無視ですよ。社長、どうやらあれは箱入り娘ですよ」
社長「なんじゃと！　こっちとて元ドル箱スターじゃ！」
鍋島「しかし強引に手を出したら豚箱行きですよ」
社長「重箱の隅をつつくようなことを言うでない！」
鍋島「社長はパンドラの箱を開けるおつもりですか？」
釜本「ということは、僕はお払い箱ですか？　社長?!」

【帯】

鍋島「いいからおまえは黙ってろ――っ!!　社長は所帯持ちでぢょ！　妻帯者でぢょ！　世帯主でぢょ!!」
社長「おまえ、急に声帯がやられたようじゃな」
釜本「僕のほうはショックで靭帯《じんたい》が切れそうです！」
椀田「僕は帯番組担当したい！」
鍋島「おまえは何を言ってるんだ？　あっ社長、携帯が鳴ってます」

【筆】

社長「ふ～……何という熱帯夜じゃ。あ、もしもし？　ん?!　なに?!　筆頭株主が?!……なんという筆舌に尽くしがたい事態……ううう！　もうやけくそじゃ！　こうなったらあの娘で筆下し――！」

パンドラの箱をあける＝あらゆる災いが入った箱。パンドラが人間界で開けたため、人は不幸を背負うことになった。
筆下ろし＝男性が初めて性交渉をもつこと。

【袋】【巾着】【時計】【串】【柱】【傘】【杖】【槌】

鍋島「待て――――！　もう**堪忍袋の緒が切れた**！　社長を**袋叩き**だ！」

社長「何を言っておる！　**お袋**さんソックリの顔して！　おまえはわしの**知恵袋**だったじゃないか？」

釜本「そうだ！　やめろ！　そんなことすると**袋小路**に入ってしまうぞ！」

鍋島「ちぇっ！　この**腰巾着**《こしぎんちゃく》め」

椀田「まあまあ皆さん落ち着いて、ここは**時計回り**で意見を述べ合いましょう」

鍋島「うるせえ！　そんな悠長なやつは**串刺し**にしてやる！」

社長「なんという**鼻っ柱**の強い男じゃ！　やっぱりおまえ、わしの**傘下**に戻らんか？」

椀田が**頬杖**をついてから頷く

鍋島「なんでおまえが**相槌を打って**んだよ！　おまえ関係ないだろ！」

袋小路に入る＝物事が行き詰まること。

【眼鏡】【服】【匙】【針】【釘】【鉢】

釜本「いいな〜社長のお**眼鏡**にかなって」

鍋島「色**眼鏡**で見るな」

社長「不**服**かね？」

鍋島「いえ、感**服**つかまつりました」

釜本「社長！　僕も**服**従します！　ダメなところ全部克**服**します！」

鍋島「まったく！　君には敬**服**するよ」

釜本「社長！　僕のことをどうぞ征**服**してください！　さもなければ一**服**盛ってください！」

社長「わかった、わかった。もう君には降**服**だ。君の要望は叶えてやるが、絶対に途中で**匙**《さじ》を投げるなよ、たとえ**針**の筵《むしろ》でもな」

椀田「ハハハ。**釘**を刺されてやんの〜」

釜本「やったー！　一度は捨て**鉢**になったけど、とんだ**鉢**合わせで僕にもお**鉢**が回ってきたってことですよね！」

捨て鉢になる＝自暴自棄になること。　**お鉢が回る**＝義務などを複数でこなす時、順番が回ってくること。

【鼓】　【玉】　【棒】

社長「そうじゃ。君も**太鼓判**じゃ」
椀田「よ！　うれしくて**鼓動**がドキドキ**鼓膜**がビンビンでやんすね〜」
鍋島「おまえは**太鼓持ち**か！」
釜本「わ〜い！　これでやっと社長の**玉**《たま》**の輿**《こし》だ〜！」
椀田「喜びすぎるのが**玉**《たま》**に瑕**《きず》ってね」
社長「ハハハハ〜。その通り。なぜならわしは**替え玉**なのだ〜」
釜本「なんだと!?　騙《だま》しやがったな、この**表六玉**《ひょうろくだま》！　覚えてやがれ〜！」
鍋島「行っちゃった。あいつ、まるで**鉄砲玉**だな」
社長「おまえは**肝っ玉が据わって**おるな」
鍋島「ええ。いずれは**親玉**になるつもりですから」
社長「どうじゃ？　わしの**相棒**にならんか？」
鍋島「**藪から棒**にそう言われても」
社長「とりあえず、**泥棒**の**片棒を担いで**くれないか」
鍋島「この〜！　**篦**《べら》**棒**め――――！」
以上、すべての演技を**棒**立ち、**棒**読みで

篦棒＝人をののしって言う言葉。

色表現短編小説

「赤」

赤ずきんが赤道の上を歩いていると、赤べこに乗った赤面恐怖症の赤鬼がやってきて、赤の他人のくせにキミとは赤い糸で繋がっているんだという真っ赤な嘘をついて、赤いダイヤを差し出し「赤貧《せきひん》を覚悟でボクの赤ちゃんを生んでほしい」と赤裸々に赤飯を強要するような嚇《おど》しをかけようとしたが、一方で赤恥をかきたくない！　と赤血球の数値が上がっていた。そんな彼は赤痢《せきり》になって赤十字に行っても赤ひげに赤チンを塗られておしまいとされるようなタイプで、赤門を目指し赤点を取って赤ペン先生に真っ赤になって怒られた。と同時に、赤家蚊《あかいえか》に刺されているさなか赤字がかさんで赤札処分になった実家に赤紙が届くようなヤツだった。ヤケになって赤坂の赤提灯で赤富士を眺めながら、赤味噌で和えた赤貝と赤蕪《あかかぶ》をつまみに赤ワインを飲み、赤いキツネで腹を満たし、赤だしでシメて、赤福餅を土産に赤とんぼを歌いながら赤い風船で赤の広場に繰り出して、赤い羽根募金に協力したりもした。赤煉瓦《あかれんが》倉庫では赤軍派と赤穂《あこう》浪士に喧嘩を売り、赤コーナーの赤塚不二夫とも揉めた。赤城の山では赤川次郎と、赤目四十八滝《あかめしじゅうはちたき》では赤木春恵と、赤信号待ちでは赤レンジャーと取っ組み合いになり、挙げ句の果てには赤帽が使っていた赤鼻のトナカイの橇《そり》に勝手に乗り込み、赤熱《しゃくねつ》の赤潮に飛び込んで叫んだ。「あの、赤い靴をはいてた女の子は、後の赤毛のアンではないのか！」と。その日は奇しくも赤口《しゃっこう》だった。そしてすべては赦《ゆる》された。朱に交われば赤くなるという理由で。

食べ物表現 検証報告書

品目	対象の表現	検証結果
【餅《もち》】	棚から牡丹餅、	・保管に適さない棚に存在した牡丹餅の保存状態は劣悪で、決して喜ばしいものではなかった。
	餅は餅屋	・餅屋以外の店舗でも旨い餅の購入は可能だった。
	絵に描いた餅、	・それなりに見応えのある絵だった。
【味噌】	手前味噌、	・手前の味噌は自慢するほどの出来ではなかった。
	味噌をつける	・おいしい場合がほとんどだった。
	味噌も糞も一緒	・一緒にしないほうがいいということがわかった。

品目	対象の表現	検証結果
	糠《ぬか》味噌が腐る	・糠味噌に対して音痴をぶつける実験を相当回数実施したが腐らず。
【飯】	臭い飯を食う	・刑務所の飯はそれほど臭くなかった。
	冷や飯を食う	・お茶漬けにしたら最高だった。
	飯の種	・飯には種など存在しなかった。
	朝飯前	・実際は早朝にはすることがなく余裕があった。
【茶】	日常茶飯事	・この時間こそ最も大事にすべきであると判明。
	茶茶を入れる	・タイミングがそれほど悪くなく好意的に受け入れられた。
	お茶を濁す	・濁らせて旨味が出る場合がある。

	お茶の子さいさい	・「お茶の子」は存在せず、「さいさい」には意味など何もなかった。
【豆腐】	豆腐の角に頭をぶつけて死ね	・何度やっても死ねなかった。
	豆腐に鎹《かすがい》	・それなりにインパクトのあるモダンアートになっていた。
【茄子《なす》】	秋茄子は嫁に食わすな	・嫁に食わしても何の問題もなかった。
【海老《えび》】	海老で鯛《たい》を釣る	・海老のほうが高価なパターンも多かった。
【塩】	青菜に塩	・食してみたらそれほど悪くはなかった。
	敵に塩を送る	・進物《しんもつ》としてチープすぎるので返送されることも。

品目	対象の表現	検証結果
【蜜】	甘い蜜を吸う	・吸いすぎると体に悪いことが判明。
【餃子】	餃子耳	・腕利き料理人に任せてやっとおいしくなる程度。
【煎餅】	煎餅《せんべい》布団《ぶとん》	・寝返りを打つたびに割れるので寝づらい。
【団子】	団子レース	・このレースに団子は参加していないことが発覚。
	花より団子	・花との因果関係は何もないことが発覚。
【飴】	飴《あめ》と鞭《むち》	・鞭との因果関係は何もないことが発覚。
【油揚げ】	鳶《とび》に油揚げをさらわれる	・屋内で扱えばまったく問題なし。

18

外国の偉人に漢字の名前を

外国の偉人の名前が音的にも意味的にもピタッとくるように漢字を当てはめてみた。「名は体を表す」の精神で、その人物のバックグラウンドや人柄や業績などを内包し、かつ、声に出して読むとその人物の名前にちゃんと聞こえるように。

芸術界

【飛過祖】
ピカソ
ぶっ飛び過ぎの祖

【後誉】
ゴッホ
死んだ後に誉められた人

【誰】
ダリ
こんな変な絵を描くのはいったい誰?!

【王崩流】
ウォーホル
コマーシャリズムの王道の価値を崩す流派を始めた人

【堕・敏知】
ダ・ビンチ
堕天使と見まごうほどの俊敏さと知性を持った人

【未来爛熟労】
ミケランジェロ
未来が爛熟してしまうような頃にまで残っていくような労を果たした人

音楽界

【猛艶有音】
モーツァルト
猛烈に艶《つや》の有る音楽を生み出した人

【抜波】
バッハ
宇宙の音波を捉えて音楽に翻訳することに卓抜した人

【米当勉】
ベートーベン
独立したての米国のことも当然勉強して作品に反映した人

【無頼無視】
ブラームス
音楽の王道を行き無頼派を無視した人

【舞蹴・寂尊】
マイケル・ジャクソン
蹴る舞で一世を風靡《ふうび》したが常に寂しさを抱えていた尊

【美意録頭】
ビートルズ
美しい意（音と心）を録って残した頭脳集団

【浄音・練音】
ジョン・レノン
世界を浄化する音を練り出した人

【常慈・張存】
ジョージ・ハリスン
常に慈しみの心を持って張りつめた中に存在した人

【報売・増歌渡人】
ポール・マッカートニー
売れる歌を増やし世界に向けて報じ渡り歩く人

【輪娯・素太】
リンゴ・スター
四人の輪を娯《たの》しくさせた素敵で図太い心の持ち主

映画界

【出異人倫恥】
デビッド・リンチ
スクリーンに異常なシーンを出す人。自分の信ずる倫理に決して恥じることなく

【九円賃・多覧低能】
クエンティン・タランティーノ
「オレの作品の価値は賃金にして九円くらいのもんだよ」と、そんなノリでヒット作を生む、ビデオショッ

プ店員時代に映画を多くご覧になりすぎて低能になったご機嫌な男

【素探理・究無理屈】

スタンリー・キューブリック

道理の素を探究することに理屈など無用！がポリシーの人

【邪運＝立功・拘流】

ジャン＝リュック・ゴダール

邪道と言われた波を運んで功績を打ち立てた人。拘《こだわ》りのある流儀を貫いて

【星侍・留浮主】

ジョージ・ルーカス

星戦争の侍を描き、世に浮上させ、映画史に留めた主

【捨威分・素昼婆遇】

スティーブン・スピルバーグ

威厳など捨ててしまえ！という気分で素人の婆さんと昼間に遇ってモチーフを得るようなノリの人

【照唯・義理編】

テリー・ギリアム

唯一無二の独特な照りを醸し出しながらも義理堅い編集を施す人

【謳織人・出出人】

ウォルト・ディズニー

人生を謳歌する！を作品に織りこむ人。そして表にガンガン出る出る人

【茶有・茶父隣】
チャーリー・チャップリン 茶目っ気の有る、隣のお父さんのような人

【愛乗人・州悪打願】

アーノルド・シュワルツェネッガー 愛人に乗っかっちゃったけど、カリフォルニア州の悪を打つ！という願いは持っていた人

聖書界

【愛男】
アダム 愛の始まりの男

【唯婦】
イブ 選ばれし唯一の婦人

【乗愛】
ノア 愛し合えるツガイだけを乗せた

【孟子】
モーセ 両者はそっくりさん

【爺座救来人】
ジーザス・クライスト うなだれて座っている爺を救いにやって来る人

科学界

【比多悟螺主】

ピタゴラス

多くの事物を比較し悟りの螺旋を生み出した主

【我理令翁・我理霊】

ガリレオ・ガリレイ

我が理屈は神の令により召されたものであり、その原理を何があっても全身全霊で世に伝えると貫いた翁

【遇咲・入飛】

アイザック・ニュートン

リンゴが落ちるところに遭遇した瞬間に入力された飛躍的な発想が後に咲き誇った人

【愛有鳩・案因秀多印】

アルバート・アインシュタイン

愛有る鳩（平和の象徴）のような人。宇宙の起因に関する案は多くの秀でた考えから導き出され印された

独裁者界

【愛奪夫・否人等】

アドルフ・ヒトラー

人間愛を奪い取る夫。ゲルマン民族以外の人等を否定

歴史的ゴシップ界

【世私富・死体林】

ヨシフ・スターリン

世を私物化し富を求め、林の如き死体を量産した

【捕留・捕屠】

ポル・ポト

大量の、罪もない人を捕らえ勾留し家畜のごとく屠殺した

【砂弾務・怖世因】

サダム・フセイン

砂漠にて弾圧という務めを遂行して、世界を恐怖に陥れる原因になった

【情温・影訃・気音大】

ジョン・F・ケネディー

情に温く、訃報の影に忍び寄られながらも気概を持って大きな警鐘音を鳴らした人

【鞠鈴・悶漏】

マリリン・モンロー

鞠《まり》のようなバストと、鈴の音のようなボイスで、人々の悶《もだ》えが漏れ聞こえるほどの色気を放った

【私意座】

シーザー

私意を貫いて王の座に就いた人

【究麗王覇取】

クレオパトラ

究極の麗しさで王から覇権を奪い取ろうとした人

19

もも言葉

ひらがな・カタカナ表記にすると同じ仮名を二つ重ねた構造を持つ言葉を、「もも言葉」と命名し、日本語に潜んでいる「もも言葉」をできるかぎり網羅して並べてみた。どうぞ「めめ」で楽しんで、声に出して「みみ」でも楽しんでほしい。

ああ

嗚呼
嘆かわしい時や、感動した時などに発する語

いい

飯
ごはんつぶのこと

易易
たやすい様子

唯唯
人の言いなりになる様子

井伊
日本の名字のひとつ

良い
セックスのときに（特に女性が）気持ちよくて発する語

うう

うう
苦しい時に発するうめき声

ええ

ええ
承諾する時に発する言葉

良え
セックスのときに（特に関西の女性が）気持ちよくて発する語

おお

凡
ぼんやりしている様子

大
広大・多量・尊敬などの意味を持つ接頭語

おお
何かを思いついて感動した時に漏らす声

かか

母
お母さんを指す幼児語。かかさま

仮果
イチゴ・イチジクなど、子房以外の部分が発達した果実

呵呵
大声で笑う様子

カカ
フランスの幼児語で「うんこ」のこと

カカ
ブラジル出身のサッカー選手。リカルド・イゼクソン・ドス・サントス・レイチの愛称

がが

娥娥
女性の容貌の美しい様子。

峨峨
山・岩が険しくそびえている様子

ガガ
アメリカの歌姫、レディー・ガガの愛称

きき

嬉嬉
喜びうれしがる様子

危機
危険が起こるとき

奇奇
きわめて珍しい様子

機器
器具・機械などのこと

輝輝
照り輝く様子

鬼気
恐ろしい雰囲気

忌諱
嫌うこと。恐れること

毀棄
壊して捨て去ること

騏驥
よく走るすばらしい馬。また、すぐれた人物

キキ
サンリオのキャラクター。双子の姉にララがいる

キキ
角野栄子の児童書でジブリ映画にもなった『魔女の宅急便』の主人公

ぎぎ

義義
ナマズに似た淡水魚。ギーギーと鳴き声を出す

くく

九九
1～9までの二つの数を掛け合わせる計算法

区区
まとまりがない様子

煦煦
なごやかで、暖かでやわらかに恵まれた様子

ここ

ここ
いまいる場所を指して言う言葉

呱呱
乳児の泣く声

個個
それぞれ。ひとつひとつ

戸戸
戸ごとに

ココ
シャネルの創始者。ココ・シャネルの愛称

ごご

午後 昼過ぎのこと

五々 掛け算のうち五×五を表す。ちなみに解は二五

語語 ひとことひとことと

御後 「うしろ」の尊敬語。特に天皇・神・宮殿などに使う

晤語 うちとけて語ること

ささ

篠 小さい竹類の植物

酒 女房言葉で、酒のこと

瑣瑣 細かく、くどい様子

些些 少し。ちょっと

ざざ

ざざ 水が勢いよく流れるのを表す擬音

ザザ シモーネ・ザザ。セリエA所属のサッカー選手

しし

獅子 ライオンのこと

四肢 両腕と両足のこと

四四 掛け算、九九のうち、四×四を表す。ちなみに解は一六

嗣子 跡取りである子

志士 幕末に国家のために献身した人物

孜孜 一生懸命励む様子

死屍 しかばねのこと

猪 いのししのこと

史詩 歴史を詩で書き表したもの

私資 個人の資産

紫史
紫式部の書いた、『源氏物語』のこと

じじ

時事
その時の出来事

爺
おじいさん

自恃
自分自身を頼りにすること

時時
ときどき。しばしば

ジジ
『魔女の宅急便』に登場する黒猫

すす

煤
煙に含まれる炭素の粉末。また、塵と埃の混じったもの

せせ

完骨
耳の後ろにある、少し高くなっている骨

ぜぜ

膳所
滋賀県大津市にある地名

そそ

そそ
「粗相」の幼児語。おもらし

楚々
清らかで美しい様子。とくに若い女性に言う

ぞぞ

ぞぞ
悪寒が走る様子

たた

多多
数が多い様子

父
古語でお父さんのこと

だだ

駄駄
子供がわがままを言ってぐずること。駄駄をこねる。

ダダ
芸術運動のダダイズム、またその運動家であるダダイストの略。

ダダ
「ウルトラマン」シリーズに登場する、全身が白黒の縞模様の怪獣。

ちち

父
お父さんのこと。

乳
おっぱい

遅遅
遅いようす。遅れること

致知
物事の道理をさとること

チチ
アーティスト「ゴンチチ」のメンバー、チチ松村の愛称

つつ

筒
中空の円筒形のもの

鶺鴒
セキレイの古名

てて

父
お父さんのこと

とと

とと
魚を言う幼児語

父
お父さんのこと

トト
アメリカのロックバンドTOTO

トト
toto。Jリーグの試合の勝敗を予想するスポーツ振興くじ

どど

呶呶
くどくどと言う様子

度度
たびたび。しばしば

なな

七
一に六を加えた数

ナナ
女優、木の実ナナの愛称

ナナ
フランスの文豪、エミール・ゾラの小説のタイトル

ナナ
『NANA』。矢沢あいの漫画の二人のヒロイン

ぬぬ

ヌヌ
怪訝な様子を表した擬音

ねね

ねね
豊臣秀吉の正室。北政所、高台院ともいう

寧々
杉崎寧々。成長期間限定アイドル「さくら学院」の3期生

ネネ
歌謡グループ、「じゅんとネネ」のじゅんではないほう

のの

のの

神仏や太陽や月などあらゆる尊崇するものを言う幼児語

はは

母

お母さんのこと

ばば

婆

お婆さんのこと

糞

便。ふん。また、汚いものを言う語

馬場

乗馬などを行う場所。また、プロレスラーのジャイアント馬場のこと

ぱぱ

パパ

お父さんのこと

ひひ

狒狒

大形のサル。マントヒヒなど。また、いやらしい男性のこと。狒狒爺

霏霏

雨・雪がしきりに降る様子。物事が続く様子

びび

微微

わずかであること。かすかな様子

娓娓

いつまでも続ける様子。くどくどとした様子

ぴぴ

ピピ

NHKで放送された宇宙人のSFドラマの主人公の名前

ピピ

英語の幼児語でおしっこのこと

ふふ

フフ

不敵な男の笑い声

ぶぶ

ぶぶ

京都などで、お茶のこと

ぶぶ

自動車の幼児語

へへ

へへ

とっぽい男の笑い声

へへ

陰門のこと

べべ

べべ 衣服の幼児語

べべ 関西の言葉で、一番最後であること。びり

べべ フランスの女優、ブリジット・バルドーの愛称。頭文字から

ぺぺ

ぺぺ ブラジル出身のサッカー選手。本名はケープレル・ラヴェラン・リマ・フェレイラ

ぺぺ 俳優、保積ぺぺの愛称

ほほ

頬 ほっぺたのこと

懐 ふところのこと

歩歩 ひとあしひとあし

熛火 火の粉を散らして燃えさかる炎

ぼぼ

ぼぼ 岐阜県飛騨地方の方言で、「赤ちゃん」のこと。郷土土産の「さるぼぼ」が有名

ボボ 九州地方の方言で、女性の陰部をさす

ボボ 伝説的プロレスラー、ボボ・ブラジルのこと

まま

ママ お母さんのこと

ママ 校正用語で「そのまま」という意味

飯 ご飯のこと

儘 なりゆきに任せる。思うとおりになる。そのとおり

崖 傾斜地や土手の崩れた所などの地形

間間 ときどき。よく

継 血のつながりのないことを表す

みみ

耳
音を聞くための器官

身身
子供を産むこと。身二つになること

ミミ
元アイドルの女子プロレスラー、ミミ萩原の愛称

ミミ
ジャコモ・プッチーニが作曲したオペラ「ラ・ボエーム」の登場人物

むむ

ムム
ダンディな男がしてやられた時に発するうなり声

めめ

めめ
女房言葉で、米のこと

めめ
幼児を叱る時に使う言葉

目目
幼児語で、目のこと

もも

桃
バラ科の落葉果樹。また、その果実

腿
足のひざから付け根までの部分

百
「ひゃく」のこと。また、数が多い様子

モモ
世界的に有名な、ミヒャエル・エンデの小説のタイトル

やや

やや
赤ん坊のこと

漸
少し。いくらか。いくぶん

やや
女性歌手。「夜霧のハウスマヌカン」で有名

よよ

よよ
泣きじゃくる様子

世世
代を重ねること

代代
代を重ねること

夜夜
毎晩。夜ごと

らら

ララ
公認アジア救済連盟の略。戦後日本に食糧・衣料などを供与した

ララ
サンリオのキャラクター。双子の弟にキキがいる

りり
離離
心が離れて親しまない様子

るる
縷縷
長く続く様子。また、めんめんと述べる様子

ルル
風邪薬の商品名

ががが
ガガガ
映画監督・園子温が結成したパフォーマンス集団「東京ガガガ」

げげげ
ゲゲゲ
『ゲゲゲの鬼太郎』に用いられた作者のあだ名

じぇじぇじぇ
じぇじぇじぇ
岩手県・北三陸地方のごく一部で使われる、驚きを表す漁師言葉。

ちちち
血乳
血の混じった母乳

ナナナ
ナナナ
テレビ東京のキャラクター

ねねね
ねねね
秋田弁で「寝ないじゃん」

びびび
ビビビ
『ゲゲゲの鬼太郎』に登場する、ねずみ男の通り名「ビビビのねずみ男」

れれれ
レレレ
『天才バカボン』のお掃除おじさんの愛称

20

それ、こんな名前だったのか！

目に見えるもの、目に見えないもの。人は五感を超え六感まで使って、捉えた事物を逃さぬようにピンで留めるべく何でもかんでも命名していく。なぜなら、名前があることで伝達が容易になるからだ。だから、こんな所にも、そんな物にも、あんな事にも名前が付いていたりする。へ〜！

【煙草休め】
読み たばこ・やすめ
意味 灰皿の煙草を置くためのくぼみ

【側薬】
読み よこ・ぐすり
意味 マッチを擦って火を起こすところ

【横車】
読み よこ・ぐるま
意味 ライターの火をつけるための、ギザギザの円柱の金属

【菊割れ】
読み きく・われ
意味 台所のシンクの丸いゴム製の排水溝カバー

【時計隠し】
読み とけい・かくし
意味 ジーパンのポケットのさらに中にある小さいポケット

【天狗】
読み てん・ぐ
意味 ズボンの部分の名称

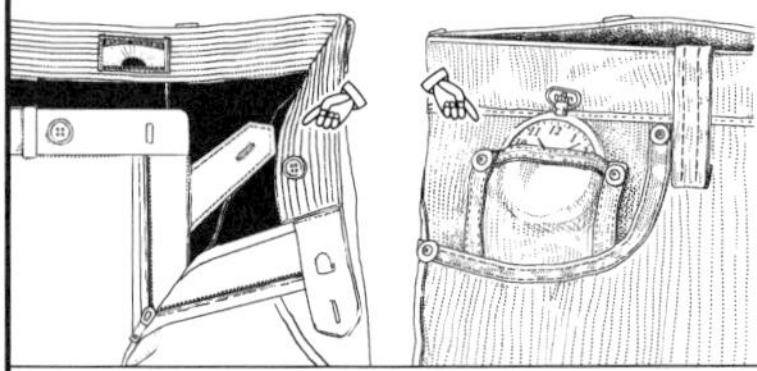

【務歯】
読み む・し
意味 ファスナーの噛み合わせ部分

【鳩目】
読み はと・め
意味 靴・衣類・紙などに紐を通すための環状の金具。

【石突】
読み いし・づき
意味 傘の先端部分

【肉垂れ】
読み にく・だれ
意味 鶏の顎《あご》の赤いところ

【導入溝】

読み どう・にゅう・みぞ

意味 レコードの最初に針を乗せるところ

【可動指】

読み か・どう・し

意味 蟹の爪の動く方

【不動指】

読み ふ・どう・し

意味 蟹の爪の動かない方

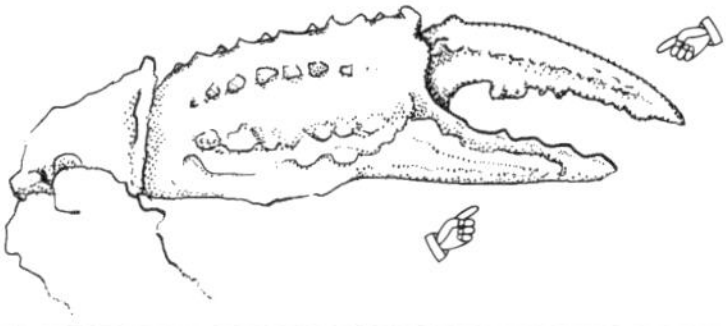

【魚尾】

読み ぎょ・び

意味 原稿用紙の真ん中の印

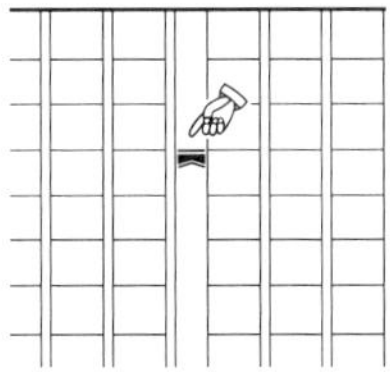

【汚垂れ石】

読み お・だ-れ・いし

意味 男子トイレの便器の下の石

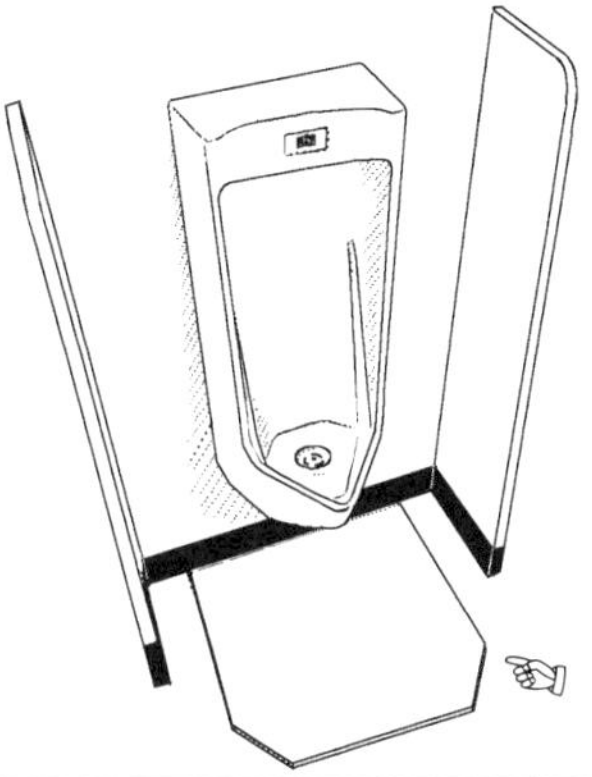

【ファイアーホールド】

読み ふぁいあー・ほーるど

意味 トイレットペーパーの三角折り

【辣韮玉】

読み らっ・きょう・だま

意味 がま口財布のぱちんと留める部分

【袖ビーム】

読み そで・びーむ

意味 ガードレールの端っこの部分

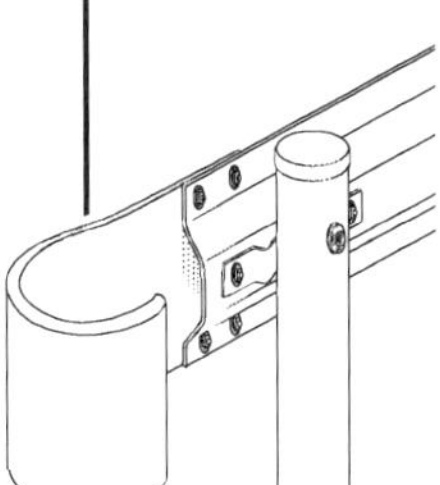

【ノド】【小口】【背】【花布《はなぎれ》】【きき紙】【遊び紙】

読み のど、こ・ぐち、せ、はな・ぎれ、きき・がみ、あそ-び・がみ

意味 本の各部分の名称

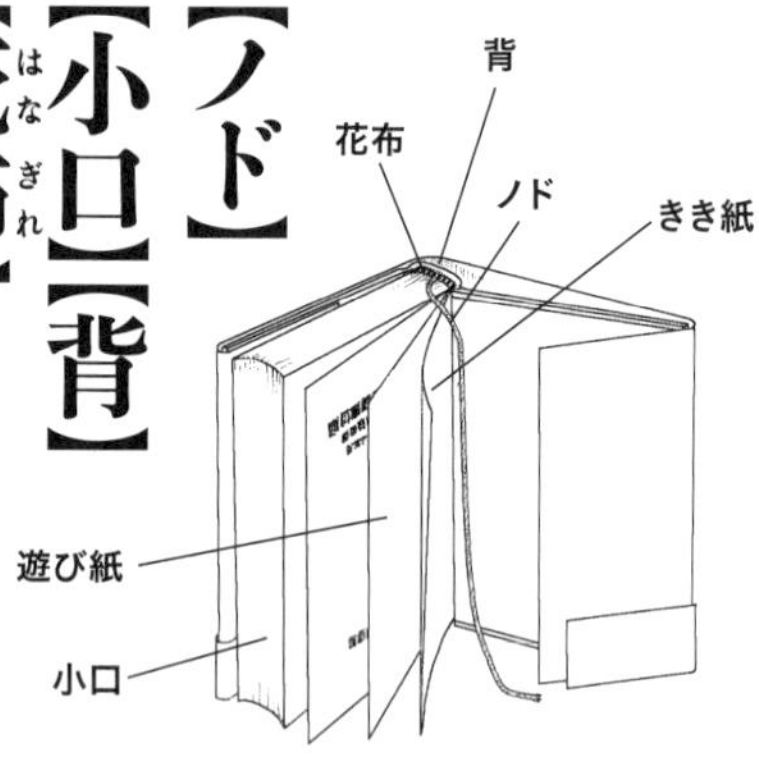

【ランドルト環】

読み らんどると・かん

意味 視力検査に使われているアルファベットのCのようなマーク

【遮眼子】

読み しゃ・がん・し

意味 視力検査の時に片目に当てる道具

【踊り字】

読み おど-り・じ

意味 「々」や「ヽ」や「ゝ」

【アンパサンド】

読み あんぱさんど

意味 「&」の正式名称

【チルダ】

読み ちるだ

意味 「〜」の正式名称

【乱れ箱】

読み みだ-れ・ばこ

意味 旅館などで浴衣が入っている平たい箱

【ふきもどし】

読み ふきもどし

意味 息を吹くと紙が伸び、吹くのをやめるとクルっと戻ってくるおもちゃ

【自在犬】

読み じ・ざい・けん

意味 グッタリしたかと思うとピンと起き上がる昔からある犬の人形のおもちゃ

【毛笛】

読み け・ぶえ

意味 風船に空気を入れて離すとピーと鳴る笛のおもちゃ

【猫瓶】【丸猫瓶】【角猫瓶】

読み ねこ・びん、まる・ねこ・びん、かく・ねこ・びん

意味 駄菓子屋にあるおかきなどを入れる瓶

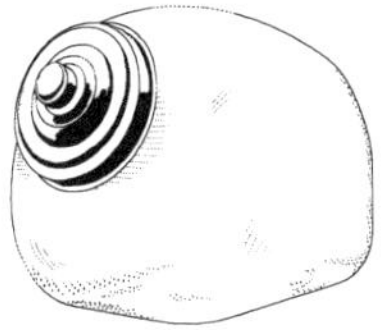

【地球瓶】

読み ち・きゅう・びん

意味 駄菓子屋にあるおかきなどを入れる丸い瓶

【ツイストタイ】

読み ついすと・たい

意味 パッケージやコードを束ねるひも

【クロージャー（クイックロック）】

読み くろーじゃー（くいっく・ろっく）

意味 パンの袋の留め具

【グレイビーボート】

読み ぐれいびー・ぼーと

意味 カレーのルーを入れる金属の器

【雷紋】

読み らい・もん

意味 ラーメンどんぶりの縁の模様

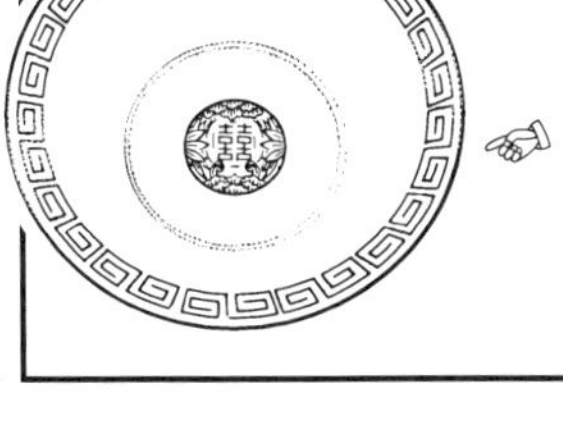

それ、こんな名前だったのか!

【鯨幕】
読み くじら・まく
意味 葬式の際に使用する白黒の幕

【擬宝珠】
読み ぎ・ぼ・し
意味 橋の欄干《らんかん》の柱の上の飾り

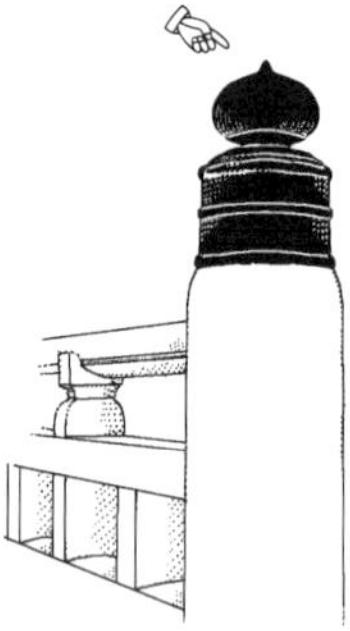

【ファニーボーン】
読み ふぁにー・ぼーん
意味 ぶつけると ビリっとなる肘《ひじ》の部分

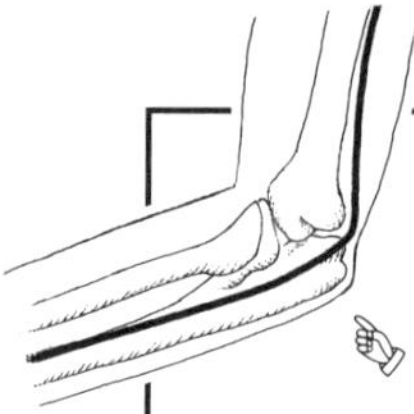

【人中】
読み じん・ちゅう
意味 鼻の下の溝

【解剖学的嗅ぎ煙草入れ】
読み かい・ぼう・がく・てき・かーぎ・たばこ・いーれ
意味 手の甲の親指のところの凹み

【盆の窪】
読み ぼん・の・くぼ
意味 首の後ろのくぼんだところ

【ぶんまわし】
読み ぶんまわし
意味 コンパスの和名

【おかめ飾り】
読み おかめ・かざーり
意味 紳士靴のデザイン「ウィングチップ」の和名

【切羽】
読み せっ・ぱ
意味 日本刀の刀と鞘《さや》の間にある金物

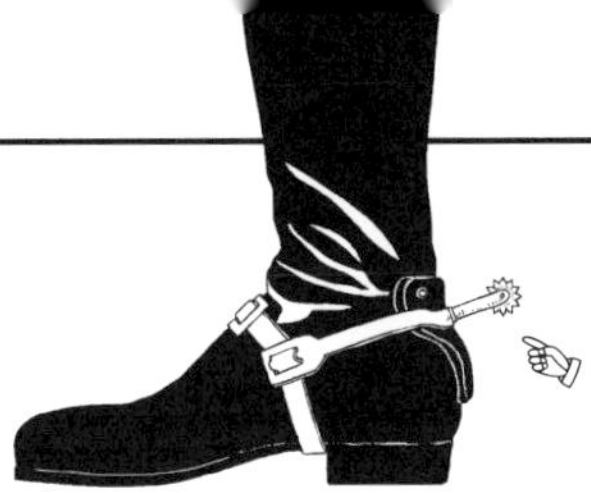

【拍車】

読み はく・しゃ

意味 馬に乗るときのブーツについている小さい車輪

【ホンコンフラワー】

読み ほんこん・ふらわー

意味 商店街の飾り等につかうプラスティックの花飾り

【利休箸】

読み り・きゅう・ばし

意味 両端を細く削った杉の箸

【フランス落とし】

読み ふらんす・おーとし

意味 扉または窓框《まどかまち》に浅く彫りこんで取り付ける金物で、扉や窓が閉じた状態で施錠するときに固定する、上げ落とし式の棒状の金具を用いた戸締まり金具

【チーズアイ】

読み ちーず・あい

意味 エメンタールチーズにある穴のこと

【シュガースポット】

読み しゅがー・すぽっと

意味 バナナの皮の黒い点

【目玉クリップ】

読み め・だま・くりっぷ

意味 つまむ部分の真ん中に大きい丸い穴の空いている定番のクリップ

【顳顬】

……ってこんな字

読み こめ・かみ

【鳩尾】

……ってこんな字

読み みぞ・おち

【扁桃腺】

読み へん・とう・せん

意味 扁桃はアーモンドのこと

あの現象にも名前が!

【連続回避本能】

読み れん・ぞく・かい・ひ・ほん・のう

意味 正面から来た人をお互い避けようと思って何度もぶつかりそうになるアレ

【ジャーキング】

読み じゃーきんぐ

意味 寝ててピクっとなるアレ

【ファントム・バイブレーション・シンドローム】

読み ふぁんとむ・ばいぶれーしょん・しんどろーむ

意味 携帯が振動していないのに着信があったような気がするアレ

【ディラン効果】

読み でぃらん・こう・か

意味 音楽のワンフレーズが頭の中で何回も繰り返されるアレ。語源はボブ・ディラン。

【光くしゃみ反射】

読み ひかり・くしゃみ・はん・しゃ

意味 太陽を見るとクシャミが出そうになるアレ

【ラバー・ペンシル・イリュージョン】

読み らばー・ぺんしる・いりゅーじょん

意味 鉛筆の端っこを摘んで振るとゴムみたいにグニャグニャに見えるアレ

【青木まりこ現象】

読み あお・き・まりこ・げん・しょう

意味 本屋で立ち読みしていると便意を催すアレ

【アイスクリーム頭痛】

読み あいすくりーむ・ず・つう

意味 冷たい物を食べて頭がキーンと痛くなるアレ

【壊れたエスカレーター現象】

読み こわ-れた・えすかれーたー・げん・しょう

意味 止まっているエスカレーターに足をとられてしまいそうになるアレ

【獲得的セルフハンディキャッピング】

読み かく・とく・てき・せるふ・はんでぃきゃっぴんぐ

意味 明日テストだというのに掃除に熱中してしまったりするアレ

【シバリング】

読み しばりんぐ

意味 熱が出るとガタガタ震えるアレ

【カリギュラ効果】

読み かりぎゅら・こう・か

意味 見るなと言われたら見たくなるアレ

【舌先現象】

読み した・さき・げん・しょう

意味 思い出したいことが喉《のど》まで出ているのに出てこないアレ

【ゲシュタルト崩壊】

読み げしゅたると・ほう・かい

意味 文字を書き続けたり見続けたりしているあいだに、急に違和感を感じるアレ

【シミュラクラ現象】

読み しみゅらくら・げん・しょう

意味 3つの点が集まった図形が顔に見えるアレ

【カクテルパーティ効果】

読み かくてる・ぱーてぃ・こう・か

意味 たくさんの人の雑談の中でも自分が興味あることはちゃんと聴こえてくるアレ

【ジャネの法則】

読み じゃね・の・ほう・そく

意味 歳を取るにつれ、どんどん時の流れが早くなるアレ

【ラムスデン現象】

読み らむすでん・げんしょう

意味 牛乳を温めると表面に膜が張るアレ

【パーカッションメンテナンス】

読み ぱーかっしょん・めんてなんす

意味 壊れた機械が叩いたら直るアレ

【先天的音楽機能不全】

読み せん・てん・てき・おん・がく・き・のう・ふ・ぜん

意味 音痴の正式名称

【眼前暗黒感】

読み がん・ぜん・あん・こく・かん

意味 立ちくらみの正式名称

ビジュアル言葉

哺乳類・両生類・鳥類

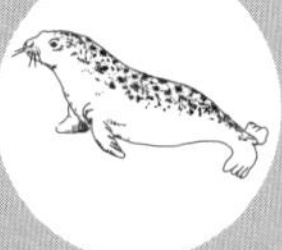

アザラシ

◉和名

海豹

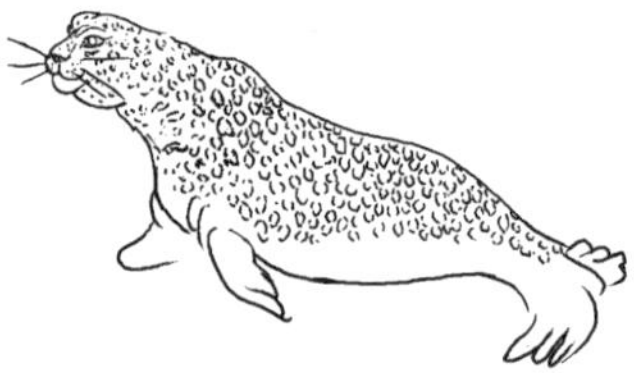

◉英名

Sea Dog

海犬

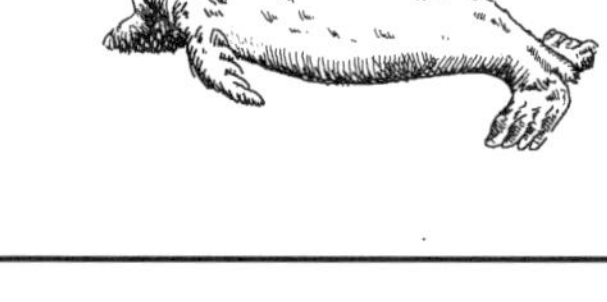

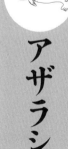

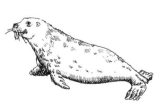

アシカ

◉和名

海驢

◉英名

Sea Lion

海獅子

モグラ

◉和名

土竜

◉英名

Mole

スパイ

ツチクジラ

ハクジラの一種で、全長は約12m。北大西洋に分布する。

◉和名

槌鯨

◉英名

Giant Bottlenose Whale

巨大瓶鼻鯨

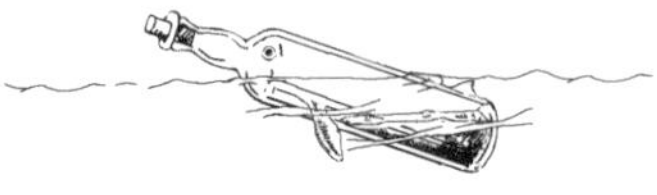

マッコウクジラ

◉和名

抹香鯨

◉英名

Sperm Whale

精液鯨

ザトウクジラ

◉和名

座頭鯨

◉英名

Humpback Whale

せむし鯨

サンショウウオ

◉和名

山椒魚

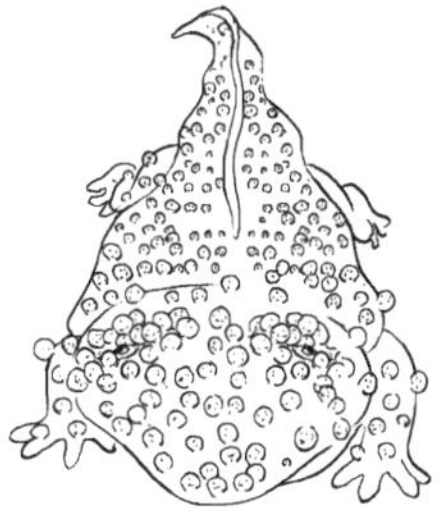

◉英名

Salamander

サラマンダー

（四大元素を司る精霊のうち、火を司るもの。ドラゴンのような姿で、炎や溶岩の中に住んでいる）

トノサマガエル

◉和名

殿様蛙

◉英名

Leopard Frog

豹蛙

ミミズク

◉和名

耳付く

◉英名

Horned Owl

角フクロウ

ジュウシマツ

◉和名
十姉妹

◉英名
Society Finch
社交界鳥

モズ

◉和名
百舌

◉英名
Butcherbird
肉屋鳥

21

そんなたとえやめてくれ

動物を使って喩える言い回しがたくさんある。あろうことか、そのほとんどは動物たちをバカにした言いようだ。いったいどういうことだ?!と思っていたら、とうとう本人たちからクレームが届いた。

【五月蠅《うるさ》い】

蠅「五月のオレ、そんなうるさかった？　それにしても、世の中のうるさいことまとめてオレのせいみたいになってるのんどうなん？　もっとうるさいもん色々あるやろ!!」

【小判鮫《こばんざめ》のようなやつ】

小判鮫「そのたとえ傷つくわ〜。オレらはオレらで正々堂々と生きとんねん！」

【閻魔蟋蟀《えんまこおろぎ》】

閻魔蟋蟀「オレそんな怖いことないで！　というか、畏れ多いわ!!」

【塩辛蜻蛉《しおからとんぼ》】

塩辛蜻蛉「誰やオレを食べたんは?!　で、ホンマに塩辛かったんか?!」

【この虫けらが！】

虫「最低の悪口にめっちゃ安易に引用せんといてくれますか?!」
螻蛄《けら》「ホンマやで！」

【千鳥足《ちどりあし》】

千鳥「あんなフラフラのしょうもない状態にたとえんといてくれるかな？　オレらは数ある鳥の中でも歩行力も飛翔力も強いほうやと自負してんねんけど！」

【烏合《うごう》の衆《しゅう》】

烏「かぁー！　オレたちを団結力のないやつらと決めつけんな！」

【烏滸《おこ》がましい】

烏「かぁー！　身の程知らずとか、差し出がましいとか、そんな意味の言葉にオレを入れ込むのはやめてくれ！」

【烏の行水】

烏「風呂のダメな入り方をオレのことでたとえるな！」

【鸚鵡《おうむ》返し】

鸚鵡「人間の知恵のないアホなやりとりにワタシのことを持ち出すのやめて！」

【モルモット】

モルモット「なんかもう、実験台そのものの言葉として定着してるやん!!　やめて！　助けてー!!」

【馬鹿《ばか》】

馬「それをワシらで表すのんやめてもらえるかな？　だいたい何を基準に決めたんや?!　ワシらはワシらで日々まじめに精一杯やっとるっちゅうねん！」

鹿「そやそや！」

馬「で、ワシの使われ方、いろいろ酷すぎると思うねんけど！」

【罵《のの》る】

馬「『罵倒する』とか悪い言葉の中に存在ささんといて！」

【当て馬】

馬「本番使わん残念なヤツにワシらのこと使わんといて！」

【野次馬《やじうま》】

馬「馬関係ないやん！　人やん！」

【驚く】

馬「敬うにワシで『おどろく』ってなに?!　とにかくビックリする弱っちい代表みたいになってるやん！　めっちゃイヤやねんけど！」

【尻馬に乗る】

馬「バカにされてるのは乗ってきた人間のほうやけど。それでも気分悪いわ〜！」

【どこの馬の骨】

馬「骨までバカにすんのか！」

【頓馬《とんま》】

馬「またバカにして！」

【騒ぎ】

馬「又に虫が来てちょっとビックリしたワシのエピソードを捉えてこんな大きなことにせんといてくれるかな?!」

【憑《つ》く】

馬「実際憑くのって狐とかちゃうんか?!」

☞豚「すんません。豚ですけど、ボクにも言わせてください」

【豚箱】

豚「ボクらを犯罪者と紐づけんといてくれます?!」

【豚に真珠】

豚「わざわざボクの興味ないもんを持ってきて、人間の価値観で勝手にバカにすんのやめてくれます?!」

☞猿「猿やけど！　ワテも言いたいことありまっせ！」

【猿知恵】

猿「知恵が足りてないヤツとして起用すんのんやめてくれ！」

【猿まね】

猿「しょうもない行為の象徴みたいにせんといてくれ！」

☞羊「羊です。ワタシもあります」

【迷える子羊】

羊「迷ってない子羊の方が多いです！」

【狼《ろう》藉《ぜき》者《もの》】

☞狼「狼だけどさ、オイラにも言わせてくれる？」

狼「乱暴をはたらく者のことに、オイラの名前入れるのやめてくれる?!」

【狼《うろ》狽《た》える】

狼「ビビるようなことにオイラの名前入れるのやめてくれる？」

【狼少年】

狼「嘘つきといえば、みたいになってるけど、オイラのせいじゃねえからな！」

【狸寝入り】

☞狸「狸だす。オラにも言わせてけろ」

狸「驚くと気絶するオラの習性をこんなふうに、悪い意味で使わないでけろ！」

【狸親父】

狸「それ、どっからどう見ても人間だべ？　悪だくみしてる人間をオラでたとえんのやめてけろ！」

【虎の威《い》を借る狐】

☞狐「狐やけど、ワイも気に入らんのんがあるわ」

狐「虎にそんなもん借りたことないし、そもそも接点ないわ！　その卑怯者呼ばわり前提の登場のさせ方酷ないか!?」

【犬死《いぬじに》】

☜犬「犬だけど、オイラもいい加減にしてほしいんだけど！」

犬「生きた甲斐も死んだ甲斐もないような虚しいたとえに使わないでくれ！　いい死に方してるヤツも多いんだから！」

【負け犬】

犬「いや、この場合、負けてるのは人間でしょ？　いちいちオイラのこと持ち出すのやめてくれ！」

【犬の遠吠え】

犬「弱いヤツの負け惜しみみたいなことにオイラの誇らしい習性を使うなよな！」

【犬の糞《くそ》】

犬「ありふれたものの代表みたいにオイラの排泄物まで蔑《さげす》むのはやめろー！」

【犬食い】

犬「人間の下品な食べ方をオイラでたとえんなよな！」

【犬も食わない】

犬「オイラのことを、何でも食うバカみたいに言うなよな！」

【飼い犬に手を噛まれる】

犬「裏切り行為の言い回しにオイラのこと持ち出すな！」

【犬畜生《いぬちくしょう》】

犬「この表現はもはや説明の余地ないくらい酷いよな」

☞**鼠**「鼠ですけどぼくらも言わせてもらいまっチュー！」

【頭の黒い鼠《ねずみ》】

鼠「盗みをはたらくような人間のことをぼくらでたとえんといてくれえっチューねん！」

【鼠講】

鼠「人間のする悪い商法にぼくらのことを持ち出すなっチューねん！」

【袋の鼠】

鼠「悪いヤツが捕まった状態の言い回しにぼくらを使うなっチューねん！」

【改竄】

鼠「ごまかすみたいな卑怯な言葉の中にぼくらを存在させるのやめてくれっチューねん！」

☜猫「猫です。ワタシ、本当に最悪な目にあわされてます」

【猫糞《ねこばば》】

猫「人間の軽犯罪になんでワタシのこと持ち出すわけ？」

【猫の目のよう】

猫「人間の散漫な心変わりのことになんでワタシのこと持ち出すわけ？」

【猫なで声】

猫「なにか企んでる人間が出すいやらしい声のことになんでワタシのこと持ち出すわけ？」

【猫かぶり】

猫「人間が本性を隠して誤魔化すようないやらしい行為になんでワタシのこと持ち出すわけ？」

【猫かわいがり】

猫「育て方のダメな代表のようなことになんでワタシのこと持ち出すわけ？」

【借りてきた猫のよう】

猫「人間のダサいドギマギになんでワタシのこと持ち出すわけ？」

【猫も杓子《しゃくし》も】

猫「何でもかんでも、節操のない代表みたいにしないでくれる?!」

【猫《ねこ》背《ぜ》】

猫「ダメな姿勢の代名詞にしないでくれる?!　ワタシにとってはこれが正しい姿勢なの！」

【猫の額《ひたい》】

猫「狭くてどうしようもないようなネガティブなことになんでワタシのこと持ち出すわけ？」

【猫だまし】

猫「人聞きの悪い！　ワタシはそんなことやってない！」

【猫の手も借りたい】

猫「で、結局困ったらワタシの手でもいいから借りたいだなんて！　まったくなんなのよ！」

22

擬音唱者

中原中也は、ブランコは「ゆあーんゆよーん」と揺れると。北原白秋は、雨は「ぴちぴち ちゃぷちゃぷ」と降ると。宮沢賢治は、風は「どっどど どどうど」と吹くと。高野辰之は、春の小川は「さらさら」と流れると。武内俊子は、舟の櫓《ろ》は「ぎっちら ぎっちら」漕ぐと。西条八十は、肩は「たんとんたんとんたんとんとん」とたたくと。桃太郎の作者は、大きな桃は「どんぶらこっこ どんぶらこ」と流れてくると、表現した。擬音語・擬態語は雰囲気が出れば誰だって自由に個性的に表現していいんだ。

救助ヘリが
てたばやたでだばやだと近づく。

鼻くそが
ひょるひょるとそよいでいる。

トーストにバターを
じゃじゃじゅすすすすと塗る。

国連旗が
ぼぼぼとはためく。

井戸水を
うごううごうご
と飲み干す。

電気自動車が
フーン
と走る。

天気雪は
ハラ
ハ
ラ
と降る。

人間魚雷が
すぷ
と使命を終える。

パソコンのキーボードを
パララパッパパララ
と打つ。

駐車場の自転車をドミノの如く

ぼん
べらぼん
ぼん
べらぼん
ぼん

と倒してしまう。

悪者は

ニーギギ
ニーギギ

と笑う。

ウミガメは

うずれい
うずれい

と産卵する。

蕎麦《そば》を

じぇえすす
じぇすうす

とすする。

スマホを すりりりーん すりるりん と操作する。

ワルツを いやっっっぱぱぁ〜 いやっっっぱぱぁ〜 と踊る。

男は セヘリ と媚《こ》びへつらう。

書類を大量に しゃばだばだばだ とコピーする。

芋虫は メタメタ と這う。

ブラキオサウルスが

ん゛おえんで

重い荷物を

ずんぐ　ぜんぐ

ざんぐ

と引きずる。

チーズは

のろーん

と溶ける。

買ったばかりの新車が
せみぷぱんて
とエンストした。

引っ越しの荷物が
つかるてみひっ
と整った。

ん
と出現した。

愛しい彼女は
うるろいるろい
とうたた寝する。

俺の腹の中で回虫は
ちじくんくる
と棲《す》んでいる。

教頭兼務の数学教師は
ちゅちゃっちゃ
ちゅちゃちゃっちゃ
とやって来る。

ミントの香りが
そっこはっか
そっこはっか
と漂ってくる。

B級映画は
くえんていん　たらんていーの
と映写される。

UFOは
ふちっち　ちっさっさ
と出たり消えたり。

ザルツブルグに旅客機が
ざるつぶるぐっ
と到着した。

23

ポ辞典
―日本語をポジティブ転換！

日本語の中に気づかれないようにこっそり潜んでいるダークなネガを炙り出し、排除し、前向きに修正していく！ 何も考えず日常的に使用し続けるうちにネガ毒がジワジワと貯まり、心がいつの間にか蝕まれてしまわないように。

【凡例】

~~【素敵】~~ 解説 ステキは敵ではない。ステキはワンダフル！ ナイス！ ラブリー！ そう、敵ではなくむしろ味方だ。ステキにはとにかくウレシさ、メデタさ、コトブキ感がいっぱいの字を当てないと。

ポジティブ！ → ポジティブ転換！

【寿的《すてき》】

【素敵】

解説 ステキは敵ではない。ステキはワンダフル！ ナイス！ ラブリー！ そう、敵ではなくむしろ味方だ。ステキにはとにかくウレシさ、メデタさ、コトブキ感がいっぱいの字を当てないと。

ポジティブ！

【寿的《すてき》】

【親切】

解説 「親」を「切」る？ 意味合いが正反対。「しんせつ」とは〝心をこめて接する〟ということだと思うが。

ポジティブ！

【心接《しんせつ》】

【未亡人】

解説 未だ亡くなっていない人……「旦那さんが死んだんだから早くあなたも死になさい」と言われているような言葉。辛い境遇の女性に追い打ちをかけるような、ネガティブすぎる日本語。これはダメだ。急いでポジティブに転換させねば。「ご主人に先立たれてしまいましたが、どうか新しい人生に向かって活き活きと〝希望に満ちあふれて美しく〟生きていってください」 そんな気持ちを込めた当て字にしないと。

ポジティブ！

【美望人《みぼうじん》】

【悪阻】

解説 悪い阻《はば》み……最悪な当て字だ。妊娠を知らせる、生命の宿りを知らせるおめでたい兆《きざ》しに対してなんという捉え方だ。正反対の当て字にしないとダメだ。妊婦が吐き気で気分が優れなくてもうれしくなるような字面にしないと。

ポジティブ！

【良兆《つわり》】

【音痴】

解説 ひどい言い方。「痴」は「痴漢の痴」、「痴呆の痴」。キーが外れるくらいでそんな字を当てるのは酷い。「ち」は「痴」ではなくせめて「稚」にしよう。〝稚《いとけな》い、かわいらしい音〟を出す人という意味に。

ポジティブ！

【音《おん》稚《ち》】

【亡命】

解説 命が亡くなる？ いやいや、他国に身を寄せて元の国籍がなくなるだけだ。まるで死を意味するようなネガティブな言い方。だいたい本来は誰がどこの国で暮らしたっていいはず。みんな同じ人間だし、地球はひとつなのだから。「国境なんかなくなって世界がひとつにな〜れ〜！」という〝明るい未来への希望〟を込めて。

ポジティブ！

【望《ぼう》明《めい》】

【子煩悩】

解説 煩悩ってまるで悪いことのように言うが、我が子をかわいがるのは当然の行為。自分のDNAを運んでくれる者を特別に大切にしないでいったいどうする？ 〝人としての平凡な能力〟を使っているだけ。

ポジティブ！

【子《こ》凡《ぼん》能《のう》】

【隠《いん》居《きょ》】

解説 隠れて居る。なんというネガティブ表現。やっと煩わしい職から解き放たれて、これからは自由奔放に好きなことをしながら生きていこう！という人生ゾーンのはず。もっとポジティブな言葉にしなければ！ この期間は具体的に言うと極楽に行くための準備期間。極楽とは読んで字のごとく楽を極める場所。だからそこに向かうワクワク感があったほうがいい。ということで、老後は隠れるのではなく楽しさを極めていく！

ポジティブ！

【楽《らっ》居《きょ》】

~~【儚《はかな》い】~~

ポジティブ！

解説 人に夢で「はかない」とは最悪だ。人には夢がないと絶対ダメだ。その夢を摑もうと前向きに生きていかないとダメだ。諦めずに夢を追い続けることで夢を現実にしていかないとダメだ。きっと人はそのためにこの世に生を受けてきたのだ。それが「はかない」とは何事か！　この字は絶対他の読み方にしなければ！

【儚《あきらめなければかな》う】

~~【靨】~~

ポジティブ！

解説 字を分解したらこうなる。「厭面」。つまり厭《いや》な面《つら》。これはエクボに対して相当ネガティブだ。エクボは今や、かわいらしさを醸《かも》しだしてくれるいい感じの特徴なはず。もっとポジティブな字を当ててよう。頬っぺに出現する〝めぐみのくぼみ〟。

【恵《え》窪《くぼ》】

~~【お転婆】~~

ポジティブ！

解説 いくら頭に「お」を付けたところで、転がる婆さんではイメージが悪い。下手したら大怪我ものである。「おてんば」は天真爛漫《てんしんらんまん》に羽根を広げて屈託なくはしゃぐ天使のような女の子っていうイメージなんじゃないか？

【お天《てん》羽《ば》】

~~【嫉妬】~~

解説 漢字は男が作ったもので、女性の扱いがずいぶん酷い。それは女偏《へん》の字を見ると明らかだ。「奴隷の奴」「嫌悪の嫌」「妨害の妨」……そして両方女偏の熟語「嫉妬」。まるで「しっと」は女性だけがする醜い行為のような表記だが、当然男女問わずする。というか、男のほうがどぎつかったりする。「しっと」は人なら誰でもする。ということで。

ポジティブ！

【⿰亻疾《しっ》⿰亻石《と》】

~~【姑息】~~

解説 姑《しゅうとめ》の息。ただでさえ悪い姑のイメージがさらに悪くなる。いくらなんでも姑に悪い。もっと意味に直結しそうな、せこさ、狡さ、が滲み出る当て字に。

ポジティブ！

【股《こ》息《そく》】

~~【機嫌】~~

解説 機嫌の中にすでに嫌という文字が入っている。人の気分の基準を不機嫌に置くということなのか？　だとするとそれは実にネガティブだ。どう考えたってキゲンは基本いいほうがいい。キゲンが良くていつも元気にニコニコ方向に軌道修正だ。

ポジティブ！

【気《き》元《げん》】

~~【お下《さ》がり】~~

解説 下がってきたモノって、これではいかにもいらないようになったモノって感じで、もらうほうもぜんぜんうれしくない。そうじゃなくて年上の人からの縁起のいいプレゼントということにしてポジティブに受け取りたい。これをもらうと〝長生きできるで〜賀やで〜（めでたいで〜）〟という言葉に。これで喜んで受けとれるようになってめでたしめでたし。

ポジティブ！

【長《おさ》賀《が》り】

【極道】

解説 仏法の道を極めるという意味のこの言葉が、世の中、色んな道があるにもかかわらず、イコールヤクザのことのようになっている。これはダメだ。極道はどんな職業にも使えるように戻さねば。そのためにもヤクザのゴクドウのみにふさわしい当て字を考えないと。ヤクザとは、誤った道を追求する人。

ポジティブ！

【誤求道《ごくどう》】

【覚醒剤】

解説 覚醒とは、「目が覚《さ》める」「迷いから醒《さ》める」という意味。そんなポジティブな言葉をこんなネガティブなものの名前に使っているからいつまでたっても根絶しないのだ。逆に、手を出したら大変な目に遭うと思うような名前にしないとダメだ。そんなものを使っていたら〝世の中から隔絶されてしまうぞ！〟という戒《いまし》めがこもった名前に。

ポジティブ！

【隔世剤《かくせいざい》】

【洗脳】

解説 脳を洗う？　どうもキレイ事にしようとしている節がある。「洗礼」や「洗練」みたいにいい印象にしておいて……という悪巧みを感じざるを得ない。「せんのう」は決して脳を洗うようなリフレッシュな行為ではなく〝脳を占領して支配下に置こうとする行為〟である。

ポジティブ！

【占脳】

【左遷】

解説 左遷という言葉にはかなりの後ろ向き感が漂っている。たしかに邪魔者扱いされて飛ばされたということかもしれないが、それも何かのきっかけとして、もっと前向きに捉えることで運気も上がってくるというもの。「させんもラッキー」と捉えよう！　そんな気持ちを込めてこんな字を当てよう！

ポジティブ！

【幸《さ》先《せん》】

【~~情操教育~~】

解説 この「感情を操る」と書く言葉、よく考えてみたら実に占脳的だ。本来は〝豊かな心情を自由に奏でられる人間を育てる〟ための教育なんじゃないか？

ポジティブ！

【情《じょう》奏《そう》教《きょう》育《いく》】

【~~月《つき》並《な》み~~】

解説 月に並ぶもの。それってすごいことなんじゃないか？　月の引力のおかげで潮の満ち引きが起こり、我々人間にまでつながる生命が育まれた。そんなありがたい月のことを持ち出して、ありきたりのたとえにしているのは失礼きわまりないことだ。もっと月に敬意を表さねば！

ポジティブ！

【お月《つき》様《さま》並《な》み】

24

ちょっとしたことで……

そっくりだが、少しだけ違う形の漢字に注目し、その差異を「ちょっとしたこと」と定義付け、二つの漢字の関係性をその「ちょっとしたこと」目線で解読することを試みる。

皿がちょっとしたことで血まみれに！

風がちょっと止んだら虱《しらみ》でいっぱいに！

卯《う》にちょっとほうりこんだら卵に！

犬がちょっとしたことで大きくなっちゃった！

鳥からちょっと抜いたら烏《からす》に！

瓜《うり》をちょっと削ったら爪が出てきた！

必ず！　からちょっと抜いて心の余裕を！

白いのがちょっと割れて臼に！

白いのにちょっと足して百に！

辛《つら》いにちょっと足したら幸せに！

朱にちょっと交わらなかったら未に！

川にちょっとしたものが詰まって州に！

林からちょっと取ってきて材に！

区でちょっとしたことがあって凶に！

泌からちょっと引っこ抜いたら沁みた！

国をちょっといじって匡《ただ》す！

自らちょっと外した目をちょっと弄《いじ》って且《か》っ貝に！

旦がちょっとしたことで旧になって、ちょっと外して日！

甲がちょっとひっこんで田に！　逆にちょっと出て由に！

水がちょっとしたことで氷に！　さらにちょっとしたことで永《なが》きに！

主をちょっとすっきりさせたら王に！ ちょっと戻し間違えたら玉に！

臣からちょっと外したら巨に！ ちょっと戻し間違えたら目に！

末がちょっとしたことで未に！ ちょっとずつ増えて来に！

天井からちょっとしたことで天丼が！

25 念押し熟語

同じ意味を持つ漢字をわざわざ二つ持ってきて作った熟語がたくさんある。よっぽど強調したかったんだな！と見直していくと、だんだん面白くなってくる。

生活
いきる！ いきる！

創造
つくる！ つくる！

思想
おもう！ おもう！

表現
あらわす！ あらわす！

嘔吐《おうと》
はく！ はく！

存在
ある！ ある！

応答
こたえる！ こたえる！

生産
うむ！ うむ！

映写
うつす！ うつす！

守衛
まもる！ まもる！

戦闘
たたかう！ たたかう！

喪失
うしなう！ うしなう！

会合
あう！ あう！

遭遇
あう！ あう！

付着 つく! つく!

分解 わかる! わかる!

収納 おさめる! おさめる!

周回 まわる! まわる!

断絶 たつ! たつ!

測量 はかる! はかる!

計測 はかる! はかる!

計量 はかる! はかる!

墜落 おちる! おちる!

勃起《ぼっき》 おきる! おきる!

上昇 のぼる! のぼる!

下降 おりる! おりる!

堅固《けんご》 かたい! かたい!

停止 とめる! とめる!

柔軟

やわらかい！　やわらかい！

飛翔

とぶ！　とぶ！

変換

かわる！　かわる！

漏《ろう》洩《えい》

もれる！　もれる！

児童

こども！　こども！

更新

さらに！　さらに！

自己

おのれ！　おのれ！

改革

あらためる！　あらためる！

獲得

とる！　とる！

歓喜

よろこぶ！　よろこぶ！

尊敬

うやまう！　うやまう！

安易

やすい！　やすい！

睡眠

ねる！　ねる！

蒐《しゅう》集《しゅう》

あつめる！　あつめる！

温暖
あたたかい！　あたたかい！

愉楽
たのしい！　たのしい！

喜悦
よろこぶ！　よろこぶ！

身体
からだ！　からだ！

死亡
しぬ！　しぬ！

痕跡
あと！　あと！

河川
かわ！　かわ！

波浪《はろう》
なみ！　なみ！

道路
みち！　みち！

倉庫
くら！　くら！

船舶
ふね！　ふね！

絵画
え！　え！

樹木
き！　き！

油脂
あぶら！　あぶら！

26

大と小

言葉の前に「大」と「小」のどちらかをつけることによって、言葉の持つイメージが良くなったり、悪くなったり、はたまたまったく別の意味になってしまったりする。ここではそんな言葉をわかりやすく図に表してみた。

大　イメージが悪くなる　小

大		小
大胡坐《おおあぐら》	<	胡坐《あぐら》
大欠伸《おおあくび》	<	欠伸《あくび》
大部屋	<	部屋
大年増《おおどしま》	<	年増《としま》
大女	<	女
娘	>	小娘
細工	>	小細工
手先	>	小手先
器用	>	小器用
商い	>	小商い
生意気	>	小生意気
言	>	小言

ずるい	>	小ずるい
汚い	>	小汚い
難しい	>	小難しい
賢《さか》しい	>	小《こ》賢《ざか》しい
恥ずかしい	>	小っ恥ずかしい
競《せ》り合い	>	小競《ぜ》り合い

大　イメージが良くなる　小

大江戸	>	江戸
大《おお》博打《ばくち》	>	博打《ばくち》
憎らしい	<	**小憎らしい**
悪魔的	<	**小悪魔的**
気味	<	**小気味**

大　イメージが同レベル　小

粋《いき》 ≒ 小粋《こいき》

綺麗 ≒ 小綺麗

さっぱり ≒ 小ざっぱり

しゃれた ≒ 小じゃれた

大　違うものになる　小

大袈裟《おおげさ》 ≠ 袈裟《けさ》

大風呂敷 ≠ 風呂敷

大奥 ≠ 奥

大目玉 ≠ 目玉

大御所 ≠ 御所

大風呂敷＝できもしない大袈裟な計画。誇大した話。

大目玉＝目上の人が強く相手を叱ること。

大葉 ≠ 葉

大向こう ≠ 向こう

大銀杏《おおいちょう》 ≠ 銀杏《いちょう》

大物 ≠ 物

癪《しゃく》 ≠ **小癪《こしゃく》**

躍り ≠ **小躍り**

僧 ≠ **小僧**

切手 ≠ **小切手**

包 ≠ **小包**

おまけ

大雑把はあっても雑把も小雑把もない

大向こう＝劇場の立見席。また、その席にいる観客。転じて見物人。

大銀杏＝十両以上の力士に許された、髷《まげ》の結い方。

癪＝近代以前の痛みを伴う内臓疾患の総称。

小癪＝生意気。

27 日本語 外国語 シンクロニシティ

日本語と外国語で、音的に近く意味的にも近い!という言葉がある。もしかしたら起源は一緒だったのではないか?と勘繰りたくなる。そんな言葉を集めて並べて比較してみた(……多少強引なものもあるが)。バベルの塔の一件が起こる前は、やはりこの星の言語はもともとひとつだったんじゃないか?

【凡例】

シンクロニシティ!

道路 を逆から
やって来たら ロード《road》

斬る　のは、人を　キル《kill》　するとき

招き　の仕事もある　マネキン《mannequin》

法被《はっぴ》　を着ると　ハッピー《happy》　な気分に

嫉妬《しっと》　なんて感情は　シット《shit》　！

暗い　気持ちになって　クライ《cry》

買　を音読みにするとそのまま　バイ《buy》

売買が成立したからバイバイ《bye-bye》

奪取したらダッシュ《dash》で逃げる

氷《こお》るよコールド《cold》だと

火《ほ》照《て》るのはホテル《hotel》の中で

動はドウ《do》

設定はセッティング《setting》

育《はぐく》みに欠かせない行為はハグ《hug》

魂は肉体を離れて時空を超えるタイムマシーン《time machine》

睡眠中は夢の中でスイミング《swimming》状態

往来でバックオーライ《all right》

街道は道路界のガイド《guide》的存在

競《せ》る。その後セル《sell》

密葬は確実にやらないといけないミッション《mission》

黒の代表といえばクロウ《crow》

燦々《さんさん》と輝くサン《sun》

世界はスカイ《sky》の下にある

総論を言い始めるとソーロング《so long》になる

無礼講《ぶれいこう》だからもう思い切ってブレイク《break》しちゃおう！

扇子《せんす》には センス《sense》がないと

びっくりしますよね、ビッグマウス《big mouth》には

黴菌《ばいきん》が発生しやすいのがバイキング《viking》料理

背筋《はいきん》を鍛えるためにハイキング《hiking》に行く

公費の中にコーヒー《coffee》は含まれる

新芽採りはシンメトリー《symmetry》になってやるのがいい

仮住まい の生き方が カリスマ《charisma》 っぽい

「え？ 舐める？」 と思わず舐めたくなるツルツル感の エナメル《enamel》

とんま なことになるよ トンマナ《tone&manner》 間違えると

虎馬 などという奇妙な生き物を見たら トラウマ《trauma》 になる

明日《あす》 は アース《earth》 が一回転したらやって来る

にゃぁ〜 と ニアー《near》 に来る猫

利口な犬と言えばコリー《collie》
道路を逆からやって来たらロード《road》
道理の通ったことでリード《lead》しないと
愛はアイ《I》から発するもの
そして
愛はアイ《eye》だけで充分伝わるもの

28 漢字がない！当て字チャンス！

夏目漱石などの昔の文豪は、言葉の雰囲気を出したいときに適当な漢字を当てた。そして、その当て字がそのまま通用していたりする。「誤魔化《ごまか》す」「巫山戯《ふざけ》る」「愚図《ぐず》」「滅茶苦茶《めちゃくちゃ》」……。こんな面白いことを文豪たちの特権にしておくのはもったいない！ われわれもやろうじゃないか！

【凡例】

しつこい ……… 漢字がない！

【質濃い】 ……… 当て字！

しつこくやることで質が濃くなる、クオリティがアップする

しつこい
【質濃い】
しつこくやることで質が濃くなる、クオリティがアップする

いじける
【意地蹴る】
大切にしなければならないはずの自分の意地を蹴るようなダメな行為

しんみり
【心身離】
身と心が離ればなれになっている状態

あたふた
【開蓋】
開いた蓋《ふた》が見つからず焦っている状態

あわよくば
【泡欲婆】
強欲婆が涎《よだれ》の泡を垂らしているような状態

ずぼら
【頭鯔】
出世魚のコースであるオボコ↓スバシリ↓イナ↓ボラ↓トドの、頭（テッペン）を鯔《ぼら》に設定し、ちゃんと出世してゴールのトドになろうという努力をしない状態

ぐらつく
【蔵撞く】
蔵を鐘扱いして巨大な撞木《しゅもく》で撞いたときに起きる現象

おべんちゃら
【お弁茶令】
内心では相手のことを茶化しながら弁ずる社交辞令

おっぱい
【御母盃】
お母さんの胸に伏せて置いたミルクの盃

でぶ
【体富】
体重が豊富なことをポジティブに

いざこざ
【違座小競】
違う席に座ったことから始まるくらいの小競り合い

しどろもどろ
【思泥申泥】
思っていることと申したいことがドロドロになってしまって……

まどろっこしい
【窓六個しい】
窓が多すぎてどれがどれなのかと……

うっかり
【鬱華り】
鬱《うつ》状態なのに、つい華がある感じに

えげつない
【枝齧無い】
齧《かじ》る枝さえもない状態

せがむ
【背噛む】
追いかけて背中にすがりついて噛む勢い

どっぷり
【毒歩り】
どんどん毒される方向に歩んでいく

ずれる
【頭劣る】
頭の中、または外（＝鬘《かつら》）が劣化する

あからさま
【明裸様】
明るいところで裸になっているような状態

こてんぱん
【鼓転反】
太鼓をひっくり返して転がって出る音くらいの勢い

ささくれ
【細炸れ】
指上で起こる細い炸裂

くっつく
【屈掘】
地面に顔がつくほど屈して掘る強制労働の様子から

ゆとり
【油取り】
「油断」の油を取って安心している状態

あんぐり
【阿吽栗】
阿吽《あうん》の「阿」の口の状態で、ちょうど栗を頬張るくらいに広げて

しくじる
【忸怩る】
失敗は忸怩《じくじ》たる思いに駆られる

ちょっぴり
【貯微り】
貯まったものが微々たる状態

そっくり
【則栗】
一つ一つの栗の区別がつかないような則《パターン》

しょぼくれる
【消望暮れる】
希望の光が消えて途方に暮れる状態

ちぐはぐ
【血具歯具】
血が出るくらい歯の矯正器具が合わないような状態

29

「あん」の法則

五十音は「あ」で始まり「ん」で終わる。阿吽《あうん》の「阿」から「吽」の間に、日本語の核になる音たちが素晴らしい法則に則って完璧な順番で収められているという優れものである。そんな優れものの中に、このたび新たな優れた法則を発見したので報告する。〃五十音それぞれに終わりの「ん」を付けていくと、人間の正しい生き方が見えてくるのだ！〃

あん
案が浮かんできたら、

いん
印《しるし》を付けて、

うん
運に身を委ね、

えん
縁を頂き、

おん
恩を感じながら、

かん
勘を信じて、

きん
謹《つつし》んで、

くん
訓《おし》えを頂き、

けん
健やかに、

こん
魂を込めて、

さん　産む。

しん　心を込めて。

すん　寸《すん》暇《か》を惜しまず、

せん　閃《ひらめ》きを大切にして、

そん　損しても、

たん　嘆かずに、

ちん　沈まずに、

つん　積んでいく。

てん　天に向かって。

とん　遁《のが》れようとせず、

なん
難儀な事にも、

にん
忍《しの》んで、

ぬん
ヌンの精神を持って、

ねん
燃えて、

のん
暢気にもかまえ、

はん
繫がりを重んじ、

ひん
品を持って、

ふん
奮闘し、

へん
変に思われても気にせず、

ほん
本分を見失わず、

ヌン＝エジプト神話ですべての存在の始まりとされる。ヌンが抱く水から神々が誕生した。

まん　慢《おこた》ることなく、

みん　民のために、

むん　月《ムーン》のような存在となり、

めん　免じる心と

もん　問題意識を常に持ち、

やん　病んでも、

ゆん　融通がきかなくても、

よん　拠《よ》ん所《どころ》ない事態であっても、

らん　嵐の中であっても、

りん　凛として、

るん

ルンルン気分で

れん

練って、

ろん

論じ合って、

わん

腕を振るうことを惜しまず、

をん

恩を今一度しっかり感じて、

んん

「**吽**!」と感動する。

「あ」から「ん」は、阿吽《あうん》。「阿」で口を開き「吽」で口を閉じる。密教で万物の始めと終わりを示している。ちなみに聖書の「ヨハネの黙示録」には「わたしはアルファでありオメガである」という神の言葉がある。アルファ(α)とオメガ(ω)はギリシャ文字のアルファベットの始めと終わりにある文字。

一方で五十音は「あい……」と「愛」から始まって、「……をん」と「恩」で終わる。

30

「㐂ぶ」の思考

「喜」ぶの異体字、「㐂」ぶ。七を三つ重ねたピラミッド漢字に送り仮名「ぶ」を付けて「喜ぶ」なら、他の数字の場合に「ぶ」を付けたら何になるか？　それを探究していったら、とんでもない人間の、宇宙の真理が解明されてしまった。

「一一一ぶ」から「十十十ぶ」までが個の人格の形成段階で、「百百百ぶ」から「億億億ぶ」までが自分と他人との関わりを持つ段階で、「兆兆兆ぶ」から「〇〇〇ぶ」ま

初《う》ぶ

一一一 う ぶ

誕生して

遊ぶ

二二二 あそ ぶ

遊んで

転ぶ

三三三 ころ ぶ

失敗して

学ぶ

四四四 まな ぶ

学習して

叫ぶ

五五五 さけ ぶ

「あ!」っと気づいて

綻《ほころ》ぶ

六六六 ほころ ぶ

疑問が解けて

クリエイティブ

××× クリエイティ ぶ

そしてまたそこから
創造が始まる

愛撫《あいぶ》

●●● あい ぶ

まずは愛撫から
出発し

やがて母なる存在が
命を孕《はら》み

イブ

○○○ い ぶ

そして再び

でが、肉体を超越したあの世の段階。そしてまた最初に戻る円環。スパイラル。輪廻転生。すべては「∞∞∞ぶ」から始まって「∞∞∞ぶ」に戻り、また再び始まる。

喜ぶ
七七七《よろこ》ぶ
喜んで

鼓舞《こぶ》
八八八《こ》ぶ
さらに自分を奮い立たせて

忍《しの》ぶ
九九九《しの》ぶ
敢えてもう一度
冷静になり

結ぶ
十十十《むす》ぶ
学びを結実させる

飛ぶ
百百百《と》ぶ
内なる成長が達成される
ことで桁《けた》を飛び越え

尊《たっと》ぶ
千千千《たっと》ぶ
自分以外のものを
尊重できるようになり

全部《ぜんぶ》
万万万《ぜん》ぶ
森羅万象の真理を
追究するようになり

浮かぶ
億億億《うか》ぶ
達観して魂は肉体から
浮き出て解放され

亡《ほろ》ぶ
兆兆兆《ほろ》ぶ
物質的なものが亡び

ラブ
∞∞∞《ら》ぶ
最終的に
愛に帰結する

ビジュアル言葉

虫

ダンゴムシ

◉和名

団子虫

◉英名

Pill Bug

錠剤虫

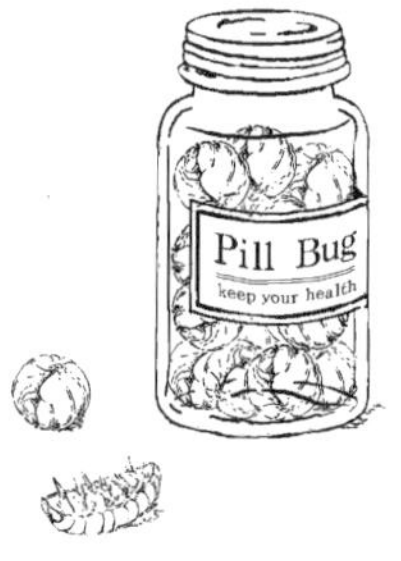

イモムシ

◉和名

芋虫

◉英名

Caterpillar

キャタピラ

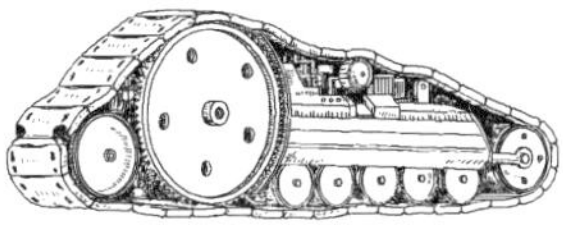

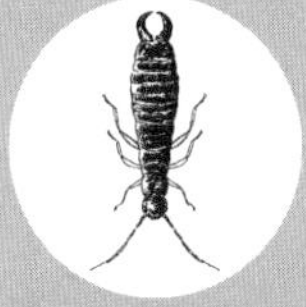

ハサミムシ

◉和名

鋏虫

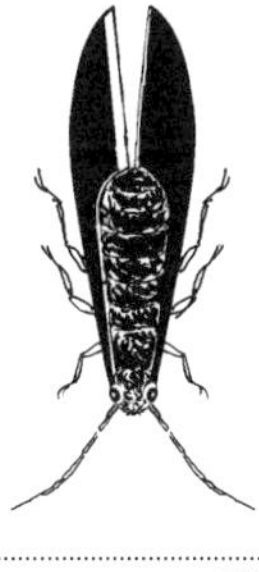

◉英名

Earwig

耳の飾り

トンボ

◉和名

飛ん棒

◉英名

Dragonfly

龍飛虫

イトトンボ

◉和名

糸蜻蛉

◉英名

Damselfly

乙女飛虫

ミノムシ

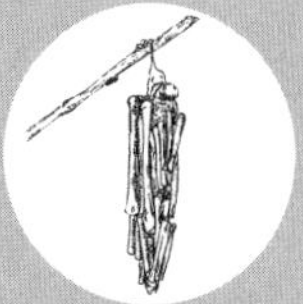

◉和名

蓑虫

◉英名

Bagworm

鞄虫

アリジゴク

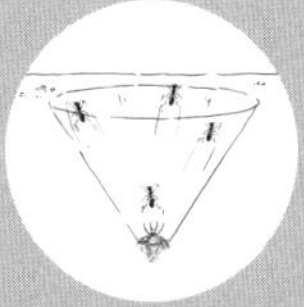

◉和名

蟻地獄

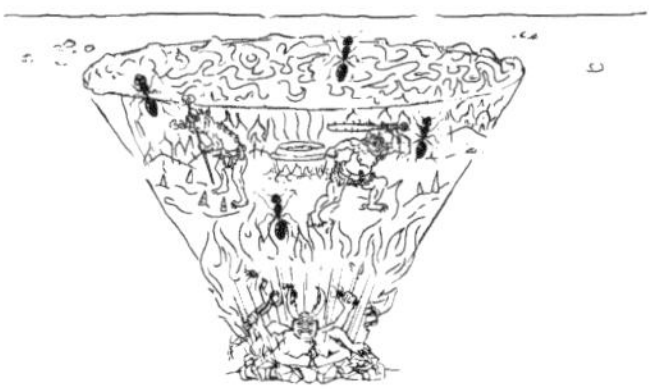

◉英名

Ant Lion

蟻獅子

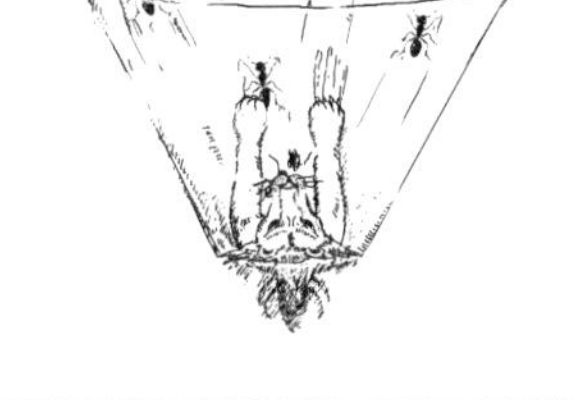

カメムシ

◉和名

亀虫

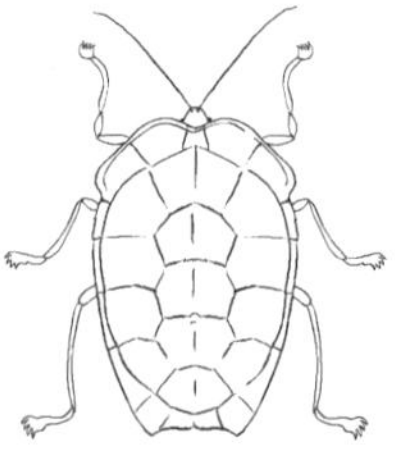

◉英名

Soldier Bug

軍人虫

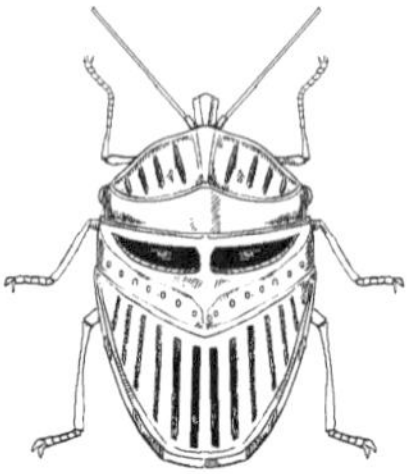

テントウムシ

◉和名

天道虫

◉英名

Ladybird

淑女鳥

チョウ

◉和名

蝶

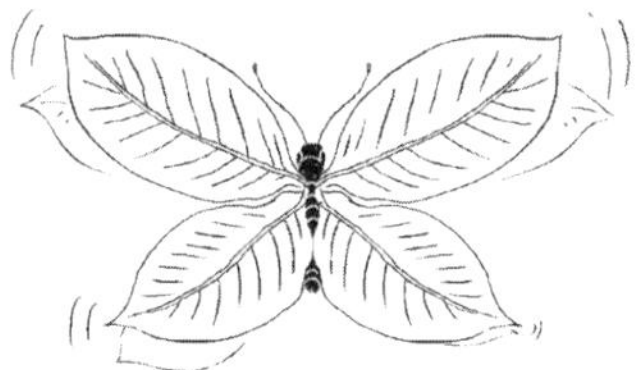

◉英名

Butterfly

バター飛虫

カマドウマ

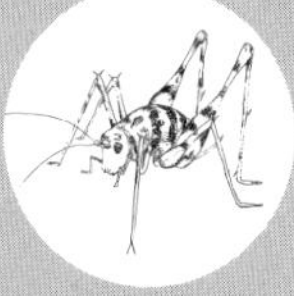

◉和名

竈馬

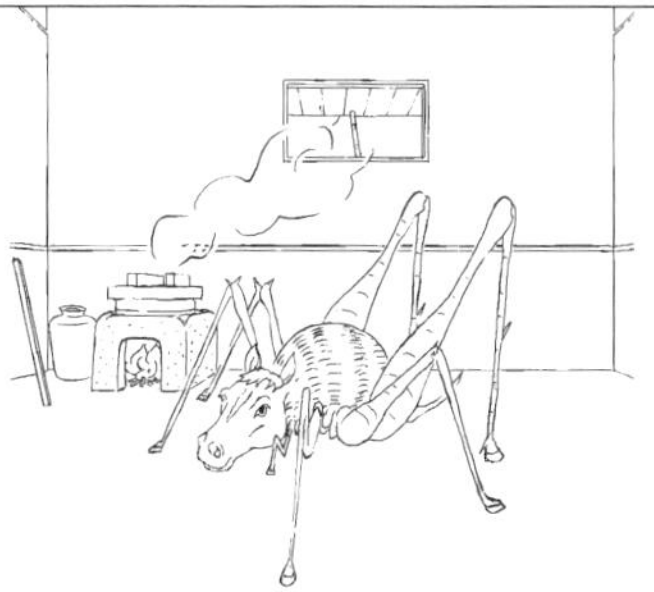

◉英名

Camel Cricket

ラクダコオロギ

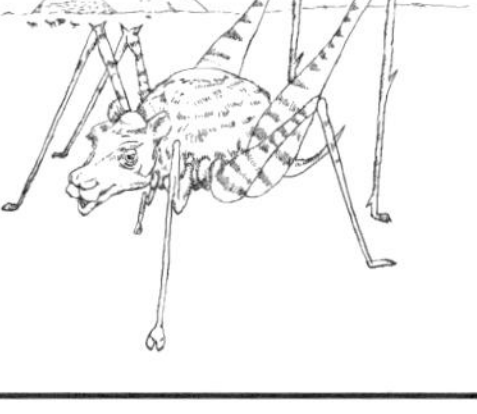

アゲハチョウ

◉和名

鳳蝶

◉英名

Swallowtail

ツバメの尾

クワガタムシ

◉和名

鍬形虫

◉英名

Stag Beetle

牡鹿甲虫

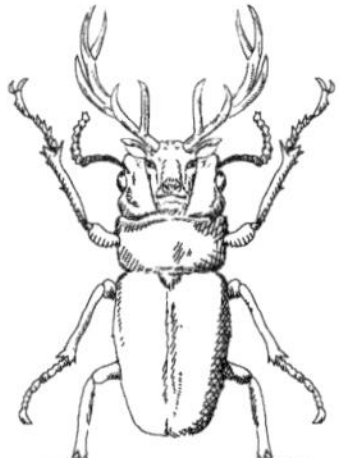

31

目にリズミカルなやつら

ツー・トン・ツー。ツー・ツー・トン。トン・ツー・ツー。そんなリズムを視覚的に感じる三文字熟語を集めてリズミカルに並べてみた。どうぞ小気味のよさを目で楽しんでほしい。

○●○

亜細亜
あじあ 語義 ヨーロッパを除くユーラシア大陸の呼び名

市川市
いちかわし 語義 千葉県北西部にある市

志布志
しぶし 語義 鹿児島県東部にある地名

一対一
いったいいち 語義 ひとつの物事が、別のひとつの物事と対応すること

化石化
かせきか 語義 今の時代にふさわしくなくなること

体全体
からだぜんたい 語義 体の全部

狂言狂
きょうげんきょう 語義 狂言の大ファン

刻一刻
こくいっこく 語義 しだいに時間が過ぎるさま

水素水
すいそすい 語義 水素を溶解させた水

水道水
すいどうすい 語義 水道から出る水

西南西
せいなんせい 語義 西と南西の中間の方角

西北西
せいほくせい 語義 西と北西の中間の方角

東南東
とうなんとう 語義 東と南東の中間の方角

東北東
とうほくとう 語義 東と北東の中間の方角

石灰石
せっかいせき 語義 石灰岩をセメント原料としてみたときの通称

中立中
ちゅうりつちゅう 語義 中立している最中

中断中
ちゅうだんちゅう 語義 中断している最中

筒井筒
つついづつ 語義 幼なじみの男女が契りを結ぶ物語。『伊勢物語』『大和物語』から

道央道
どうおうどう 語義 北海道にある高速道路、道央自動車道の略

人非人
にんぴにん 語義 極悪非道な人間のこと

馬車馬
ばしゃうま 語義 馬車をひく馬

日曜日
にちようび 語義 土曜日と月曜日の間の一日。キリストが復活した日とされている

日一日
ひいちにち 語義 日ごとに物事が変化していくこと

非想非
ひそうひ 語義 仏教用語。非想非非想天の略。無色界の第四天。ごくわずかの煩悩を残す境地

豹海豹
ひょうあざらし 語義 アザラシ科ヒョウアザラシ属に分類されるアザラシ

米国米
べいこくまい 語義 アメリカ産のお米

向不向
むきふむき 語義 適していることと適していないこと

劇中劇

げきちゅうげき　語義　劇中で演じられる劇

屋根屋

やねや　語義　屋根を売る商売

山本山

やまもとやま　語義　海苔とお茶を製造販売している食品メーカー

新野新

しんのしん　語義　関西を代表する放送作家の重鎮

○○●

御御足

おみあし　語義　敬う相手の足の言い方

御御籤

おみくじ　語義　神社仏閣で吉凶を知るために引くクジ。御神籤とも書く

御御輿

おみこし　語義　祭のときに参加者が大勢で運ぶ神の乗り物

好好爺

こうこうや　語義　人のいいお爺さん

狒狒爺

ひひじじい　語義　好色な爺さん

湯湯婆

ゆたんぽ　語義　容器にお湯を入れただけのシンプルな暖房器具

暗暗裏

あんあんり　語義　ひそかに、人に知られないうちに

蹇蹇録

けんけんろく　語義　日清戦争期の外相・陸奥宗光の外交回顧録。「蹇蹇」とは、忠義を尽くす意

高高指

たかたかゆび　語義　中指の別称

段段畑

だんだんばたけ 語義 山の斜面などを利用して段状に作られた畑

万万一

まんまんいち 語義 滅多にありえないがひょっとして。万一を強めた語

労労亭

ろうろうてい 語義 その昔、現在の南京にあった酒家。旅立つ人の送別の場所として有名

来来軒

らいらいけん 語義 「日高屋」グループのチェーン店

猩猩蠅

しょうじょうばえ 語義 遺伝子の研究に昔から使われた蠅。目が赤いことから、空想上の真っ赤な猿、猩猩の名を冠する

蝶蝶魚

ちょうちょううお 語義 鮮やかな色彩をもつ熱帯魚で、珊瑚礁の中をひらひらと泳ぐ様子が花畑を飛ぶ蝶のよう

舞舞螺

まいまいつぶり 語義 カタツムリの別称

舞舞被

まいまいかぶり 語義 大型のオサムシ。大好物のカタツムリを見つけると、貝殻に顔を突っ込んで被っているかのごとく補食する

水水母

みずくらげ 語義 世界中の海に分布しているクラゲと言えばコレ！的なクラゲ

加加阿

かかお 語義 種子がカカオ豆。コーヒーやチョコレートに

日日草

にちにちそう 語義 初夏から晩秋まで日々、次々と花が咲く

棒棒鶏

ばんばんじー 語義 蒸し鶏を使った四川料理。棒で叩いて肉を柔らかくしたからこの名前に

細細里

ししりー 語義 地中海の島シチリア島の英語名の日本語表記

東東京

ひがしとうきょう 語義 東京の東地区

快快的
かいかいでー 語義 中国語。急いで、速やかに

恐恐然
こんこんらん 語義 中国語。恐れ、かしこまった態度

慢慢的
まんまんでー 語義 中国語。快快的の反対語。ゆっくりと

北北東
ほくほくとう 語義 北と北東の中間の方角

北北西
ほくほくせい 語義 北と北西の中間の方角

南南東
なんなんとう 語義 南と南東の中間の方角

南南西
なんなんせい 語義 南と南西の中間の方角

出出し
でだし 語義 物事の最初の段階

BB弾
びーびーだん 語義 遊戯用銃の弾丸

●○○

赤裸裸
せきらら 語義 丸裸、包み隠しのないこと

愛燦燦
あいさんさん 語義 美空ひばりの名曲のタイトル

息絶絶
いきたえだえ 語義 今にも呼吸が止まりそうな状態か

色取取
いろとりどり 語義 種類がいろいろあること

腹散散
はらさんざん 語義 さんざっぱら。思う存分。したたか

御歴歴
おれきれき 語義 格式や身分が高い人たち

御目目
おめめ 語義 目の幼児語

御手手
おてて 語義 手の幼児語

豌豆豆
えんどうまめ 語義 広く栽培され食用になっている豆。莢《さや》とともに料理に使われることが多い

猫義義
ねこぎぎ 語義 ナマズ目ギギ科の淡水魚。天然記念物

秘色色
ひそくいろ 語義 染め色の名前で、瑠璃色に近い

口口口
くちろろ 語義 三人組のポップ音楽ユニット。三人目のメンバーとして、いとうせいこうが加入

三三五五
さんさんごご 語義 少人数のまとまりになってそれぞれで行動すること

是是非非
ぜぜひひ 語義 良いことは良い、悪いことは悪いと公正な判断をすること

奇奇怪怪
ききかいかい 語義 とても不思議なこと

虚虚実実
きょきょじつじつ 語義 戦略や技を尽くして戦い合うこと

平平凡凡
へいへいぼんぼん 語義 平凡なさま

正正堂堂
せいせいどうどう
語義 卑怯な手段をとらないさま

津津浦浦
つつうらうら
語義 いたるところ

明明白白
めいめいはくはく
語義 はっきりしていて、疑う必要がないこと

唯唯諾諾
いいだくだく
語義 人が言うことに従うこと

侃侃諤諤
かんかんがくがく
語義 正しいと信じることを堂々と主張するさま

喧喧囂囂
けんけんごうごう
語義 多くの人が勝手に発言してやかましい様子

子子孫孫
ししそんそん
語義 子孫が続くかぎり子

洒洒落落
しゃしゃらくらく
語義 性格がさっぱりしていて物事にこだわらない様子

戦戦恐恐
せんせんきょうきょう
語義 恐れおののくこと

喋喋喃喃
ちょうちょうなんなん
語義 男女が打ち解けて語り合う様子

年年歳歳
ねんねんさいさい
語義 年ごとに

縷縷面面
るるめんめん
語義 細かくいつまでも話すこと

三又又三
みまたまたぞう
語義 オフィス北野所属の芸人。武田鉄矢のモノマネが武器。性格はいたって面倒臭い

御御御付《おみおつけ》

語義 みそ汁の丁寧な言い方

ANA

語義 全日空

BOB

語義 ショートヘアー

CBC

語義 中部日本放送

COC

語義 カナダ、または中国オリンピック協会

DAD

語義 父

MOM

語義 母

DVD

語義 デジタル・バーサタイル・ディスク

EVE

語義 前夜

GAG

語義 ギャグ

GIG

語義 仕事

LOL

語義 （笑）の意を表す

NON
語義 いいえ（仏語）

POP
語義 ポップ

SOS
語義 助けて

WOW
語義 わぁ

BBC
語義 英国放送協会

CCB
語義 シー・シー・ビー

CCR
語義 クリーデンス・クリアウォーター・リバイバル

DDT
語義 ジクロロ・ジフェニル・トリクロロエタン

EEL
語義 ウナギ

MMD
語義 ミクミクダンス

PPM
語義 ピーター・ポール&マリー

ADD
語義 注意欠陥・多動性障害

ALL	ASS	BEE	BOO	DMM	EGG	ILL
語義 全部	語義 肛門	語義 蜂	語義 ブーイングする	語義 デジタル・メディア・マート	語義 卵	語義 悪い

INN	LEE	ODD	OFF	SEE	TPP	ZOO
語義 宿屋	語義 リージーンズ	語義 変な	語義 休み	語義 見る	語義 環太平洋戦略的経済連携協定	語義 動物園

BOOB
語義 おっぱい

NOON
語義 真昼

AAA
語義 トリプル・エー。男女7人組のパフォーマンスグループ

CCC
語義 渋谷コントセンター

III
語義 板尾創路インテリジェンス

KKK
語義 クー・クラックス・クラン

NNN
語義 ニッポン・ニュース・ネットワーク

PPP
語義 標準的な通信プロトコル

RRR
語義 倉本美津留が構成を担当した深夜番組

WWW
語義 ワールド・ワイド・ウェブ

XXX
語義 成人向け指定

32

でんでん太鼓語

「でんでん太鼓」と声に出してみるとなんだか口に小気味良い。なんだか耳に心地よい。まさに、でんでん太鼓の奏でるリズムがそのまま名前になっているのだ。高鳴るリズムの「タンタンタタタ」。そんな性質を持つ言葉を集めて詩情豊かに配置してみた。ということで、ぜひぜひ朗読してほしい。ぜひぜひポエトリーリーディングしてほしい。だんだん気持ちがどんどん良くなる！

でんでん太鼓

電電公社　段段畑
たんたん狸　てんてん手鞠
ちんちん電車　つんつん乳首
とんとん拍子　ねんねんころり
ポンポンダリア　ボンボン時計
ルンルン気分　カンカン踊り
ジャンジャン横町　もんもんだらけ

満満満月　ムンムン気分
リンリン・ランラン　全然売れへん
新進女優　わんわんスタイル
ジンジンしてる　ビンビン来てる
ガンガン行くぞ　ずんずん積もる
でんでん虫も　ミンミンゼミも
ぺんぺん草も　タンタンメンも　棒棒鶏《バンバンジー》も
のんのんばあと　三三九度で
延延続く
宣戦布告

でんでん太鼓＝子どもの玩具《がんぐ》のひとつ。小さな張り子の太鼓。側面に鈴や玉のついたひもがついていて、柄を持って振ると玉が鼓面をたたき、音が出る。

電電公社＝日本電信電話公社（株）の略称。現在のＮＴＴ。

ポンポンダリア＝ダリアの花形の一つ。筒状に花弁がたくさんついた品種。

カンカン踊り＝江戸時代、江戸・大阪で大流行した中国風の踊り。

ジャンジャン横町＝大阪市浪速区にある、活気づいた商店街。

リンリン・ランラン＝１９７４年に「恋のインディアン人形」でデビューして新人賞を総ナメにした香港出身の女性双子歌手。

のんのんばあ＝漫画家、水木しげるが妖怪に興味を持つきっかけとなった人物。

てるてる坊主

ツクツクボウシ　ガリガリ亡者
マイマイカブリ　へのへのもへじ
のろのろ運転　堂堂めぐり
ほかほか弁当　熱々カップル
あほあほ集団　いきいきライフ
イケイケ姉ちゃん　ノリノリ女
押せ押せムード　あとあと怖い
かつかつ生活　カネカネ言うな
くれくれタコラ　ケチケチ社長
ゲジゲジ眉毛　ボサボサ頭

ちりちりパーマ　ツルツル頭
すけすけパンティ　ギリギリアウト
くねくねボディー　ピチピチズボン
ＬＬサイズ　エスエス製薬
こつこつ人生　まぜまぜスプーン
コロコロステーキ　タルタルソース
コロコロコミック　ペロペロキャンディ
チクチクセーター　つぶつぶオレンジ
なあなあ関係　ダメダメ政治　ずれずれ感覚
ひそひそ話　無い無い尽くし
よちよち歩き　ヨボヨボ爺さん　カラカラテルメ
むちむちぷりん　ホモホモ7《セブン》
ブーブークッション　ぴりぴりムード
ぽかぽか陽気　欧陽菲菲

ガリガリ亡者＝「ガリ」は、漢字で書くと「我利」。人のことはおかまいなしに、ひたすら私利をはかるさま。また、そのような人のことをいう。

くれくれタコラ＝１９７４年頃テレビで放映された着ぐるみ特撮番組。森に住むタコのタコラが毎回騒動を起こすのが主な内容。

カラカラテルメ＝旧㈱チボリが開業し、現在は閉鎖している天然温泉リゾート。

むちむちぷりん＝小説家、宇能鴻一郎原作による、日活映画。

ホモホモ7（セブン）＝みなもと太郎による、スパイもののギャグ漫画。

うはうは状態

ざくざく小判　獲れ獲れでっせ
らくらくローン　ゆうゆう窓口
ゲラゲラ笑い　ニヤニヤ笑い　クスクス笑い
わくわく気分　そわそわ気分　ウキウキ気分
モヤモヤ気分　いらいら気分　さばさば気分
スタスタ歩き　たらたら喋り
のびのびトーク　さくさく風味
ふかふか布団　ぬくぬく毛布　ザブザブ洗い

じとじと地面　ブツブツだらけ
ださださ兄やん　なぞなぞクイズ
ボテボテヒット　まるまるチェンジ
きわきわちゃうのん？
ドキドキハート　ギザギザハート
バラバラ事件　パラパラ漫画
しとしとぴっちゃん　行け行け飛雄馬
パチパチパンチ　ポコポコヘッド
ピコピコハンマー　ワニワニパニック
たじたじ状態　メロメロ状態
重重承知　渋渋納得

しとしとぴっちゃん＝時代劇ドラマ「子連れ狼」の主題歌によって広まった雨の擬音。

パチパチパンチ＝吉本新喜劇の島木譲二によるギャグ。

ポコポコヘッド＝吉本新喜劇の島木譲二によるギャグ。

ピコピコハンマー＝子どもの玩具のひとつ。叩かれても痛くないように作られている。

ワニワニパニック＝ゲームセンターにある玩具の定番。ハンマーで5匹のワニを撃退する。

ホロホロ鳥＝アフリカのギニア原産、熱帯地方に生息するキジ科の鳥。

ごくごく普通

ニイニイゼミも　ホロホロ鳥も
ガラガラヘビも　目目連《もくもくれん》も
キラキラ星で　きりきり舞いに
こてこてギャグと　さぶさぶギャグで
先先行くな　毒毒しいね
いちいち言うな　ガタガタ言うな
おどおどすんな　コソコソすんな
カリカリすんな　ガツガツすんな
うずうずするぜ　おやおやどうした

ドロドロやんか　ズタズタやんか
ズキズキ疼く　ジロジロ見るな　ずかずか上がる
おちおち寝とれん　ウトウトしてた
いそいそおでかけ　おのおのどうぞ
クルクルパーめ　べろべろバーだ
ウヨウヨいるよ　ぎゅうぎゅう詰めだ
エコエコアザラク　クエックエッチョンワ
死ね死ね団と　チキチキマシーンが
かちかち山で　ぐるぐる巻きに
エイエイオーで　葬送曲を
出た出た月が　風風吹くな　めえめえ児山羊
続続登場　なかなかやるね
次次誕生　色色あるね

エコエコアザラク＝古賀新一原作のホラー漫画タイトル。実写版としてテレビドラマや映画などでも公開されている。本来は悪魔崇拝の呪文である。
クエックエッチョンワ＝ギャグ漫画「嗚呼!! 花の応援団」の主人公、青田花道の名セリフ。
死ね死ね団＝特撮番組「愛の戦士レインボーマン」に登場する秘密結社。
チキチキマシーン＝アメリカの人気アニメ Wacky Races の邦題「チキチキマシーン猛レース」のこと。

薄薄感じる　たまたま成功
まがまがしいね　たどたどしいね
とぼとぼ帰る　おめおめ帰る　泣く泣く帰る
まだまだ子供　スヤスヤお眠り
とうとう死んだ

33

大阪遺伝子 ODNA

『明日のジョー』にマンモス西がいたように、『いなかっぺ大将』に西一がいたように、森羅万象どんなジャンルにも大阪なヤツが存在する。この項では各界の中で一番大阪的な存在＝大阪遺伝子（ODNA）を濃く有しているものをあからさまにしていく。

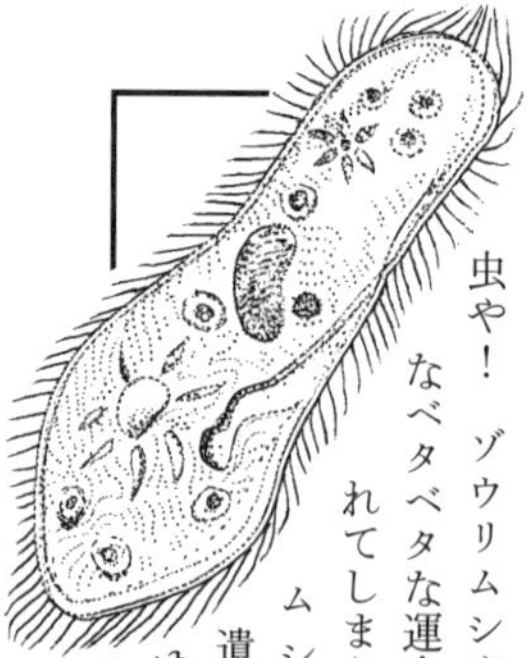

微生物界【ゾウリムシ】

解説 形から草履を連想され、しかもそのまんまのネーミング。こんな大雑把な命名をしたのはまず大阪人の学者に違いない。発見されたとき、顕微鏡を覗く学者と助手のあいだでなされた会話はどうせこんなところだろう。「わ！　なんやこれ?!　草履や！　ちっちゃい草履や！　めちゃめちゃちっちゃい草履や！」「あほか！　こんなちっちゃい草履、誰が履くねん！　生きとんねん！　虫や！　ゾウリムシや！」そんなベタベタな運命を強いられてしまう「ゾウリムシ」の大阪遺伝子は濃ゆい濃ゆい。

パン界【焼きそばパン】

解説 このパンの誕生秘話はまったく感動的ではないはずだ。どうせ、ソーセージとパンの数をちぐはぐに買ってきた大雑把などこかの大阪の主婦が「あ、ソーセージたらへん！　ホットドックでけへんがな！　康夫のぶんどうしょう？　まあええわ。何でもええわ。何か挟んどいたろ……」「お母ちゃん何でボクのんだけ昨日の焼きそば挟まってんの?!　ボクも兄ちゃんみたいにソーセージ挟んで！」「黙って食べ!!」「グスン……わ！うまい!!」　だいたいからしてお好み焼きとご飯を一緒に食べる発想とほぼ同じ。「焼きそばパン」の大阪遺伝子は濃ゆい濃ゆい。

大工道具界【釘ぬき】

解説 常にこの世に何らかの物体を生み出すために活躍するポジティブ・クリエイティビティ・アイテム、釘。そんなシルバー色の英雄をスキあらば引っこ抜いて、すべてをふりだしに戻してやろうと常にたくらんでいるのが釘ぬきである。「なぁなぁ。一回バラバラにし

ようや～。なぁ。おもろいやん」。建設業に欠かせない大工道具のひとつのくせに、何という非建設的なヤツなのだ！ そんな、非建設さ、それはその場さえ笑えればそれでいいと思っている大阪人そのもの。まあ、だいたいからしてこの「釘ぬき」という名前、「康夫！ なにしてんのん！ 早よ釘ぬき!!」って大阪弁のしゃべり言葉やからね。「釘ぬき」の大阪遺伝子は濃ゆい濃ゆい。

【台形】

次の面積を求めよ界

解説 次の面積を求めよ界きっての五人衆といえば、鋭いまなざしが格好いいリーダー「底辺×高さ÷2」の三角形！ 気は優しくて力持ち「縦×横」の長方形！ 斜に構えたニヒルなやつ「底辺×高さ」の平行四辺形！ 和を以て貴しとする「πr^2」の円！ そしてどん尻に控えしは、ツッコまれてナンボの「（上底＋下底）×高さ÷2」の台形だ～!! なんやねん！「かっこ上底たす下底かっことじるかける高さ割るにぃ」て！ 長いねん！ ややこしいねん！ ほんで上底いう言い方もなんか気色悪いねん！ 上に底っておかしいやろ！ そんな言い方しようと思うから「下底」みたいな「頭痛が痛い」「危険が危ない」的アホ言葉が必要になってきてもうとんねん！ だいたい台形って名前自体がアホっぽいねん！ 台の形って図形のくせに何かにたとえられてまうなよ！ 5つの中でお前だけやで！ そんなんやから「ゆとり教育」とか言われて2002年度の小学校の算数教科書から削られてまうねん！ と、思てたら2005年度から「発展的内容」として復活してもうとんねん！ なんやそれ!! どっちやねん!! 何が「発展的内容」じゃ!! ポリシーないんかー!! アホ――!! と、いっぱいツッコミを誘発してくれるボケ図形「台形」の大阪遺伝子は濃ゆい濃ゆい。

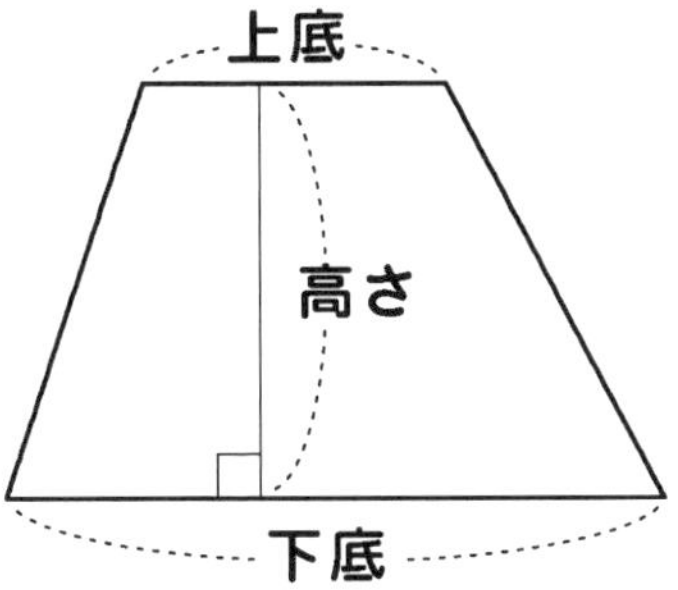

【トンビ】

猛禽類界

解説 鳥類の中で一番大阪遺伝子の濃ゆいのは猛禽類《もうきんるい》である。猛禽類の猛は言わずと知れた大阪人の中の大阪人「どてらい男」の山下猛造、モーヤンのモーなのである。そんなモー禽類の仲間にはワシ、タカ、ハヤブサ、フクロウ、ミミズクなどがいるが、中でもさらにODNA濃度が群を抜いているのがトンビである。トンビの、高いところで輪を描いてクルクル回るあの習性は「アホと煙は高いとこのぼる」というほとんどの大阪人が持つ習性そのままだし、ことわざの「トンビがタカを生む」は、アホなおとんが賢い子供できてしもてあたふたするという大阪で頻繁に見られる光景をたとえたものだし、「トンビに油揚げさらわれた」ときのアホづらはまさに大阪人の真骨頂である。以上の検証からだけでもトンビの大阪遺伝子ぶりが充分に証明できるが、そもそもトンビという呼び名自体が実に大阪的なのである。トンビの正式名称はトビなのである。トンビという言い方はデキモノのことをデンボ、きつい目のことをメンチ、男のことをオンタ、女のことをメンタ、と何かにつけて「ン」を入れてリズミカル3文字言葉にするという大阪被害をもろに受けている名前なのである。そんなこんなみんな含めて、「トンビ」の大阪遺伝子は濃ゆい濃ゆい。

【その他の危険】

道路標識界

解説 道路標識には大きく分けて案内標識、警戒標識、規制標識、指示標識の4種があるが、その中で一番大阪遺伝子度が高いのが警戒標識である。警戒標識とは先にあるもの、これから起こる可能性のあることなどを予告する黄色地に黒記号の標識である。先のことを予告する、匂わせるという行為は漫才で言うところのフリである。フリをしっかりと認識させておくことでオチが効くのである。たとえば「落石のおそれあり」の標識のフリがあった後に道に落語家でもいれば「何を落としとんね

ん！」などとツッコめるし、「動物が飛び出すおそれあり」の標識のフリの後に猫でも飛び出してくれれば「ま〜〜小っちゃい鹿」と楽にボケることもできるし、「すべりやすい」の標識のフリの後で同乗者がレベルの低いギャグでも言ってくれれば「ほんまや!!」とノることもできるし、とにかく警戒標識は大阪的ノリを誘発してくれるイエロー色のニクいヤツなのである。そんな中でとくに大ボケなのが「その他の危険」の標識である。この後何があるのか具体的に何も言っていないあの漠然としたフリ!!　あんなんに出くわしたら見た途端に「どないやねん!!」と即ツッコまんとしゃあないやん！　そんな「その他の危険」の大阪遺伝子は濃ゆい濃ゆい。

自動車部品界

【ワイパー】

解説 人間が車をみずから動かせるようにするために必死で考えた結果、色んなパーツの集合体となった自動車。そんな色んなモノが集合するとき、そこには必ず大阪もんが潜んでいる!!　そいつは何だ?!　ハンドルか!?　アクセルか!?　ブレーキか!?　エンジンか!?　マフラーか!?　バッテリーか!?　もしかしたらトランクか!?　バンパーか!?　フロントガラスか!?　じゃないとしたらウインカーか!?　ハザードか!?　フォグランプなのか!?　こうなったら前輪か!?　後輪か!?　はたまたスペアタイヤなのか〜!?　ちゃうがな！　ちゃうがな！　わいやがな！　わいやがな！　ワイや！　ワイ！　ワイパーやがな――!!　ワイパーという呼び名は皆さんご存じの通り「ワイはくるくるパーや」の略。そのネーミングもさることながら、あのワンパターンのツッコミ動き。21世紀になったというのにいつまでたっても雨に対してアホのひとつ覚えのようにバタバタバタバタやってるだけの天然ぶり。動きはツッコミだが実は大ボケだ。お前は一人漫才師か！　右がボケで左がツッコミか?!　それはさておき、いずれにしても「晴れているときに思わず動かしてしまい同乗者が爆笑」など、自動車のパーツで唯一ちゃんと笑いの取れる「ワイパー」の大阪遺伝子は濃ゆい濃ゆい。

ボール界

【ソフトボール】

解説 球技の数だけボールの種類がある。ボールはおおよそ二つに分類される。「空気の入ったもの」と「硬いもの」。前者はサッカーボール、バレーボール、バスケットボール、ラグビーボール、テニスボール、卓球のボール、水球のボール……等々、後者は野球のボール、ゴルフボール、ビリヤードのボール、ボウリングのボール、クリケットのボール……等々。そんなボールたちの中で大阪遺伝子的に圧勝なのがなんといってもソフトボールである。なぜならソフトボールにはツッコミどころが満載だからである。他のボールに比べて群を抜いてボケっぱなし！なのである。ソフトボールはアホである。「空気が入っている」「硬い」のどちらにも属していないのである。空気も入っていないくせに硬くもないのである。「なんやねんお前は〜」である。で、さらにアホなことに、その「硬くない」ということを全面に押し出しているのである。ソフトなボール？「どこをアピールしとんねん！」である。しかも実はそんなにソフトソフトと言うほど柔らかくなく、意外に硬くて名前負け（名前勝ち？）しているのである。「どっちやねん!!」である。で、そんなどないやねんなボールの名前自体がそのまま競技名になっているのである。「どこをチョイスして命名しとんねん！」である。ツッコみだせばきりがない。ソフトボールはとにかくボケ倒しなのである。だいたい、「速い球投げたいんやったら上投げせえっちゅうねん!!!」である。そんな「ツッコんでくれ光線」を出しまくっている「ソフトボール」の大阪遺伝子は濃ゆい濃ゆい。

太陽系界

【土星】

解説 太陽系には水星、金星、地球、火星、木星、土星、天王星、海王星の八つの惑星があるが、その中でどう考えても大阪的な惑星は土星である。あの一人だけ目立とうとしてるチョケたいでたち。他のみんなは真面目に丸坊主でいってんのに一人だけおかしなモン被って、まさに大阪人の特徴である「イキり」

ぶりがもろに発揮されている。イキる理由がまた大阪人っぽい。八つの惑星のうち土星は大きさが二番目なのだが、一番大きい木星に対して負けてへんで〜！と虚勢を張ってあんなもんを被っているのである。そのさまが、まさに東京へのコンプレックスを持ちながら必死になっている大阪そのものである。そもそも土星の「ど」は、どあほう！　どけち！　どすけべ！　の「ど」、大阪弁のあたまに「ど」をつけて強調したがる例のパターンの「ど」で、土星は本来「ど星」と表記すべきなのだ。つまり、「星の中の星」「一番どえらい星やねん！」ということを言いたい名前なのである。また、土星は29年半もかけて太陽を一周する。地球はご存じの通り365日で太陽を一周。金星は225日で、火星は687日、水星にいたっては88日で一周。あの木星でさえ約12年で太陽を一周する。29年でやっと一周という土星のなかなか来ないぶりが、ちょうど阪神タイガースの優勝周期と重なる。よく見りゃ柄も縞模様だ！　そんな「土星」の大阪遺伝子は濃ゆい濃ゆい。

顔のパーツ界【舌】

解説 人間の顔には目、鼻、耳、口などのパーツがあるが、その中で最もODNA度の高いのは口で、その口の中でも、唇、歯、歯茎などを押さえて圧倒的な大阪遺伝子濃度をもってトップに君臨するのは舌である。ベロである。タンである。舌はご存じのように味覚、発音などの作業を営む器官である。とにかく食べるため、しゃべるために存在しているのである。タベルとシャベル。このWベルは大阪人を形成する二大要素である。タベルに関しては「京の着倒れ」に対しての「大阪の食い倒れ」、江戸時代に大阪が「天下の台所」と言われていたことからも、舌にこだわり、舌を自慢したくてしたくてしょうがなかったことがバレバレ。シャベルに関しては、もう説明する必要もないほど「シャベってなんぼ」の大阪。たいていは舌先だけの会話で、当然二枚舌は使うし、ばれて舌打ちした舌の根も乾かぬうちにまた二枚舌なんて日常茶飯事、基本的に人のことは舐《な》めてるし、甜《あま》い考えで舌なめずりして、都合が悪くなったら舌を出し、「あかんかったらいつでもやめたら〜」感が基本で、心機一転いつも活き活き。という具合に大阪人はとにかく舌がらみなのである。そんな「舌」の大阪遺伝子は濃ゆい濃ゆい。

ビジュアル言葉

植物・菌類

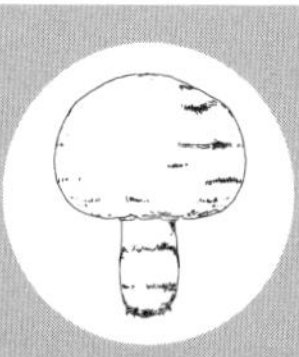

キノコ

◉和名

茸

◉英名

Mushroom

柔らか部屋

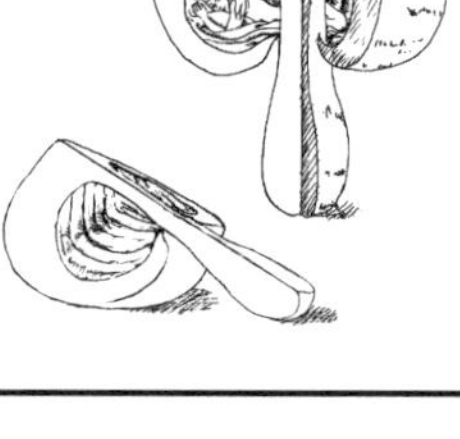

キクラゲ

◉和名

木耳

◉英名

Jew's Ear

ユダヤ人の耳

ヒマワリ

◉和名

向日葵

◉英名

Sunflower

太陽花

タンポポ

◉和名

たんぽ(ん)ぽ(ん)

◉英名

Dandelion

ライオンの歯

オニユリ

◉和名

鬼百合

◉英名

Tiger Lily

虎ユリ

カスミソウ

◉和名

霞草

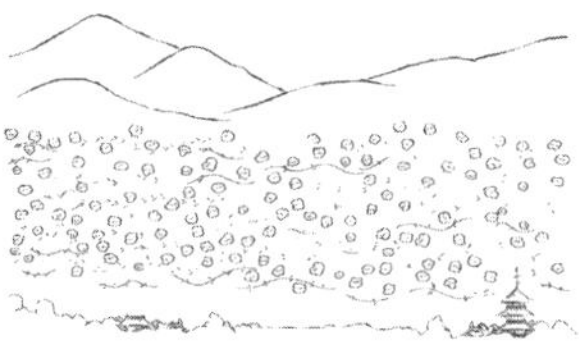

◉英名

Baby's Breath

赤子の息

キンギョソウ

◉和名

金魚草

◉英名

Snapdragon

噛みつき竜

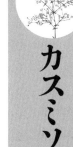

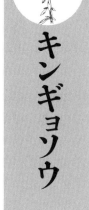

トケイソウ

◉和名

時計草

◉英名

Passion Flower

激情花

オジギソウ

◉和名

含羞草

◉英名

Sensitive Plant

神経質植物

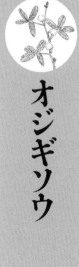

カヤツリグサ

◉和名
蚊帳吊草

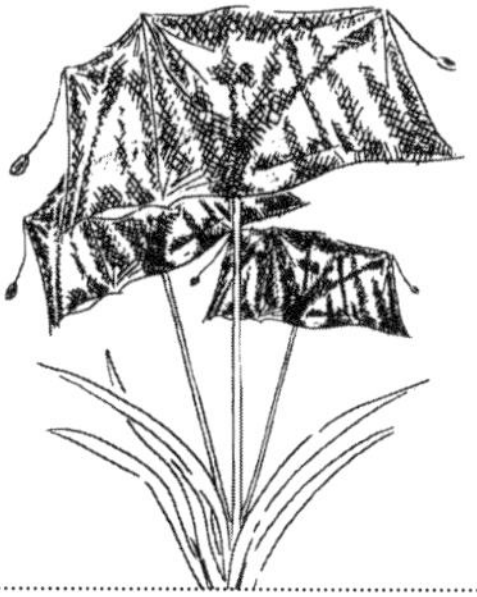

◉英名
Umbrella Plant
傘植物

コマクサ

◉和名
駒　草

◉英名
Dutchman's Breeches
オランダ人のズボン

パイナップル

◉和名

鳳梨

◉英名

Pineapple

松リンゴ

ツクシ

◉和名

土筆

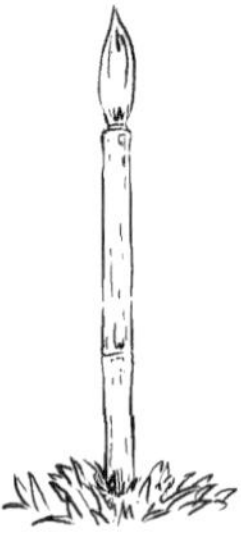

◉英名

Horsetail

馬の尾

34

シンメトリッシュ漢字

人間の体が左右対称的にできているせいか、人間は目に映る対称的な構造に対して魅力を感じる。漢字をあらためて図形として捉え、対称性を基準に集め、その形体を強調して並べてみた。なにか気持ち良いはずだ。

ミラー型

- **八** 音 ハチ 訓 やつ
- **从** 音 ジュウ 訓 したが-う 意味 従う
- **北** 音 ホク 訓 きた
- **艸** 音 ソウ 訓 くさ 意味 草
- **兆** 音 チョウ 訓 きざ-し

- **林** 音 リン 訓 はやし
- **非** 音 ヒ 訓 あら-ず
- **卯** 音 ボウ 訓 う
- **卵** 音 ラン 訓 たまご
- **門** 音 モン 訓 かど
- **朋** 音 ボウ 訓 とも 意味 ともだち

上下ミラー型

- **竝** 音 ヘイ 訓 なら-ぶ 意味 並ぶ
- **棘** 音 キョク 訓 とげ
- **競** 音 キョウ 訓 きそ-う
- **赫** 音 カク 訓 あか-い、かがや-く 意味 輝く
- **囍** 音 キ 訓 よろこ-ぶ 意味 婚礼などの際に用いる字

ツイン型

字	音	訓	意味
二	ニ	ふた	
昌	ショウ	まさ	
双	ソウ	ふた	
比	ヒ	くら-べる	
竹	チク	たけ	

上下ツイン型

字	音	訓	意味
弱	ジャク	よわ-い	
羽	ウ	はね	
圭	ケイ	たま	
炎	エン	ほのお	
戔	サン、ザン、セン	そこ-なう	損なう
哥	カ	あに	うた
芻	スウ	まぐさ	ほし草
多	タ	おお-い	

トリプル型

字	音	訓	意味
川	セン	かわ	
巛	セン	かわ	川

州
音 シュウ
訓 す

上下トリプル型

三
音 サン
訓 み

彡
音 サン
訓 せん
意味 さんづくり

サンドイッチ型

班
音 ハン
訓 わ-ける

斑
音 ハン
訓 まだら

粥
音 シュク
訓 かゆ

弼
音 ヒツ
訓 たす-ける
意味 助ける

嬲
音 ジョウ
訓 なぶ-る
意味 もてあそぶ

嫐
音 ドウ、ノウ
訓 うわなり
意味 戯れる

辨
音 ベン
訓 わきま-える

辦
音 ベン
訓 わきま-える

辯
音 ベン
訓 ただ-す

瓣
音 ベン
意味 花びら

上下サンドイッチ型

亘
音 コウ、セン
訓 わた-る

器
音 キ
訓 うつわ

囂
音 ゴウ
訓 かまびす-しい
意味 やかましい

くるくる回したくなる型

口
音 コウ
訓 くち

回
音 カイ
訓 まわ-る

井
音 セイ
訓 い

丼
訓 どん

十
音 ジュウ
訓 とお

米
音 マイ
訓 こめ

卍
音 マン
訓 まんじ

乙
音 オツ
訓 おと

田
音 デン
訓 た

囲
音 イ
訓 かこ-う

区
音 ク

凶
音 キョウ

曲
音 キョク
訓 ま-がる

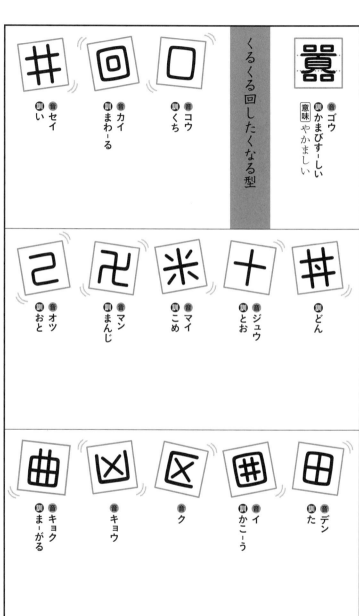

35

上から読んでも下から読んでも単語

「スイス」や「トマト」のような、反対から読んでも同じ意味の言葉になる単語に、なぜだかとってもテンションが上がった子供時代。あの頃のピュアな気持ちを今一度、蘇らせよう。

【亜細亜】あじあ

【居合】いあい

【遺影】いえい

【異界】いかい

【畏敬】いけい

【憩い】いこい

【委細】いさい

【威勢】いせい

【痛い】いたい

【一位】いちい

【乾】いぬい

【位牌】いはい

【依頼】いらい

【衣類】いるい

【慰霊】いれい

【祝】いわい

【意外】いがい

【萎蕤】いずい

萎蕤＝ユリ科の植物、アマドコロの生薬名。

上から読んでも下から読んでも単語

【医大】いだい

【善知鳥】うとう

【右脳】うのう

【羽毛】うもう

【烏有】うゆう

【閏】うるう

【烏合】うごう

【開化】かいか

【可視化】かしか

【幽か】かすか

【過疎化】かそか

【鰍】かじか

【株価】かぶか

【感化】かんか

【妃】きさき

【奇跡】きせき

【汽笛】きてき

【喜劇】きげき

善知鳥＝ウミスズメ科の海鳥。**烏有**＝まったく存在しないこと。**鰍**＝日本各地に分布するハゼに似た魚。

【気づき】 きづき

【忌引】 きびき

【禁忌】 きんき

【区画】 くかく

【苦策】 くさく

【駆逐】 くちく

【苦肉】 くにく

【苦楽】 くらく

【苦学】 くがく

【挫く】 くじく

【砕く】 くだく

【口説く】 くどく

【瞿麦】 くばく

【紫雲英】 げんげ

【豪語】 ごうご

【ご加護】 ごかご

【子猫】 こねこ

【米粉】 こめこ

瞿麦＝ナデシコ科の多年草。紫雲英＝レンゲソウの別名。

上から読んでも下から読んでも単語

【小箱】こばこ

【言語】げんご

【逆さ】さかさ

【寒さ】さむさ

【更紗】さらさ

【サルサ】さるさ

【然し】しかし

【色紙】しきし

【忸怩】じくじ

【示し】しめし

【印】しるし

【仕出し】しだし

【暫し】しばし

【真摯】しんし

【人事】じんじ

【スイス】すいす

【スミス】すみす

【代打】だいだ

更紗＝美しい模様を織り込んだ綿布。**忸怩**＝内省し、恥じ入ること。

上から読んでも下から読んでも単語

【田畑】たはた
【手当】てあて
【手だて】てだて
【トマト】とまと
【薺】なずな
【菜花】なばな

【寝んね】ねんね
【夫婦】ふうふ
【文武】ぶんぶ
【ボルボ】ぼるぼ
【幕間】まくま
【まんま】まんま

【マグマ】まぐま
【見込み】みこみ
【南】みなみ
【MINMI】みんみ
【浮腫む】むくむ
【睦む】むつむ

薺＝春の七草。ぺんぺん草。MINMI＝日本の女性シンガーソングライター。

【目覚め】 めざめ

【若しも】 もしも

【八百屋】 やおや

【宿屋】 やどや

【やんや】 やんや

【來麗】 らいら

【利尻】 りしり

【倫理】 りんり

【轆轤】 ろくろ

【童】 わらわ

【啄木鳥】 きつつき

【狐憑き】 きつねつき

【新聞紙】 しんぶんし

來麗＝「さくら学院」3期生、飯田來麗。

36

おいしい語源

世の中に存在する名前のすべてには由来がある。その名前にふさわしいエピソードがある。逆に言えば、それがないものは命名に至らない。だから、おいしい食べ物の名前には、おいしい由来がないはずがない。食材それぞれの由来の味を心おきなくご賞味いただきたい。

あべかわ餅

静岡の安倍川の茶屋の名物だったことから。

アンデスメロン

安心して作れる。安心して買える。〝安心ですメロン〟略してアンデスメロン。アンデス山脈で採れるメロンではない。「サカタのタネ」という横浜の種苗《しゅびょう》会社が開発した日本産メロン。

インゲン豆

中国・明の僧、隠元《いんげん》禅師が1654年に来日した時に、日本へ持ち込んだということから。

ういろう

室町時代、陳外郎という中国の医者が日本に帰化して、〝外郎《ういろう》〟と呼ばれる咳《せき》によく効く薬を広めた。するといつの間にか、その薬を飲んだときの苦み冷ましに考案したお菓子に名前が移行していった。

ウインナー

オーストリアのウィーンで作り始められたことで、〝ウィーンの〟という、ウィーンを代表するような名前に。正式にはウインナーソーセージ。ということはウインナーコーヒーのことも実はウインナーと呼んでも差し支えないということになる。

烏《う》龍《ろん》茶《ちゃ》

茶葉が烏《からす》のように黒く、龍のように曲がりくねっているから。

エクレア

フランス語で書くと〝eclair（エクレール）〟。意味は〝稲妻〟。表面の割れ目が稲妻のような感じになるから。とか、稲妻の早さで食べないと腐ってしまう。とか、チョコレートのテカリを稲光に見立てて。など、さまざまな説がある。

お菓子

〝菓〟は〝果〟が植物であることを強調した文字で、菓子は元々は果物という意味。しかし甘い食べ物が海外から伝わって来たり、国内でも開発されて来たりしたことで、甘い食べ物全体が菓子と呼ばれるようになり、やがて果物の方が他の甘いものと区別するために〝水菓子〟と呼ばれるようになる。このような経緯を経て、果物は果物に、菓子は菓子になった。

小倉あん

奈良の小倉山《おぐらやま》に生息する鹿の背中の模様がアズキに似てるということから。

おじや

〝おじや〟の語源には、煮込み料理を意味するスペイン語〝olla（オジャ）〟に由来するという説や、煮える時の〝ジャジャ〟という音に〝お〟をつけたという説がある。

おやつ

午後2時〜4時頃のことを江戸時代には〝八つ時〟といった。その時間に子供に与えるものということから。

蒲焼き

昔はウナギを開かずそのまま竹串に刺して焼いていた。その形が蒲《がま》の穂に似ていたことから。

かやくご飯

〝かやく〟は〝火薬〟ではなく〝加薬〟と書く。〝加薬〟とは、漢方薬の効果を高めるためにいろいろと薬材を加えること。その行為と同様に、栄養や美味しさを高めるためにいろいろな食材を加えていることから。

からし

単語の意味のまんま。口に入れたら「辛し！」ということから。

カルパッチョ

1950年、ベネチアの料理人が画家のヴィットーレ・カルパッチョの絵画でよく用いられてた赤と白の特徴的な色使いを連想させるような彩りの料理を考案して、〝カルパッチョ〟の名前を拝借した。

寒《かん》天《てん》

ところてんを寒い空（天）の下で凍らせて水分を抜いて乾燥させて作ることから。

がんもどき

〝雁《がん》の肉に似たもの〟という意味。肉食を禁じられていた僧侶が「肉を食べた気になりたい」という思いで肉の代わりに作った。ということだが、精進するための一環の精進料理において、代用品を用いて欲望をごまかすなどという行為はいかがなものか？と思う。

きんぴらごぼう

〝きんぴら〟は金太郎こと坂田金時の子、坂田金平のこと。金平は強い荒武者で、それにあやかって牛蒡《ごぼう》の強い歯ごたえと辛さを売りにした料理の名前にキャスティングされた。

コロッケ

フランスのゲートボールに似たスポーツ〝croquet（クロッケー）〟で使うボールに似ていることから。

金《こん》平《ぺい》糖《とう》

ポルトガルから室町時代にやって来たとされるお菓子〝confeito（コンフェイト）〟。それがそのまま日本語になった。

桜肉

猪の肉の赤さを牡丹の花に喩えて牡丹《ぼたん》肉というが、こちらは馬の肉の別称。だからといって馬肉が桜の花のようにピンク色という訳ではなく、単に「猪＝牡丹」に対抗してのネーミング。

サンドイッチ

イギリスのサンドイッチ伯爵がトランプをしながら食べられるものとして考案したと言われているが、当のサンドイッチ家では、ギャンブルではなく仕事をしながら食べ

られるものとして作られたと伝えられている。

紫《し》蘇《そ》

食中毒で死にかけていた若者に煎じて飲ませたら息を吹き返したという逸話から、紫色の蘇らせる葉っぱと名づけられた。

シーザーサラダ

1924年7月14日、メキシコ・ティファナのホテル「シーザーズ・パレス」に、思いもよらず大勢の客がやって来て、レストランの食材が尽きてしまった。そこでホテルのオーナー、シーザー・カルディーニがとっさに残っていたレタスを使って作って客に出したところ大好評を得たことから。

シャンパン

フランスのシャンパーニュ地方で生まれて。ちなみに開発者はその地の教会の修道士ドン・ペリニョン。

シュークリーム

フランス語で〝chou à la crème（シュー・アラ・クレーム）〟。シューはキャベツという意味。形が似ているからということだが、食べ物を食べ物で喩えるのはいかがなものか？

しゃり

白飯のこと。その白さが釈迦の遺骨・仏舎利に似ていることから。

じゃがりこ

開発者が友達のリカコさんに試食してもらったところ、おいしそうに食べてくれたことにちなんで、〝ジャガイモ〟と彼女の名前をミックス。ジャガイモリカコ、略して〝じゃがりこ〟。

しょっつる鍋

塩汁鍋を秋田の訛《なま》りで言うとこんな感じになるらしい。

酢

口にしたら酸っぱくて思わず「すっ！」と言ってしまうことから。

すき焼き

〝すき〟は農耕用具の〝鋤〟のこと。江戸時代には鍋ではなく鋤を火の上にかけ、その上で魚や豆腐を焼いていた。当時のすき焼きは、現在の関西の食べ方に近い鉄板焼きのようなものだったらしい。

助六寿司

歌舞伎の十八番《おはこ》「助六由縁江戸《すけろくゆかりのえど》桜《ざくら》」には、〝揚巻《あげまき》〟という主人公・助六の愛人が登場する。その名前が、油揚げを使ったいなり寿司と巻き寿司を彷彿とさせ、「この二つをセットにしたら絶対ヒットする！」と売り出してから。

スペアミント

〝スペア〟は槍のことで葉の形が似ているから。〝ミント〟はギリシャ神話に登場する美しい精霊メンタから。メンタは冥界の神ハーデスに愛されたが、ハーデスの妻の嫉妬により草に変えられてしまう。メンタは自分の居場所を知らせたくていい匂いを放っている。

するめ

日持ちがいいので「幸せが長く続く」、足が多いから「お足（お金）が多く貯まる」と縁起がいいものとされ、結納や祝儀に使われるようになり「寿留女」の字が当てられたりしたが、もともと墨を吐いて群れるイカはスミムレと呼ばれていて、そこから転じたという説がある。

煎《せん》餅《べい》

千利休の弟子・千幸兵衛がお茶請けに出した、小麦粉と砂糖を混ぜて薄く焼いた菓子が評判になり、千幸兵衛の幸の字を抜いて〝千兵《せんべ》衛《え》〟とした。

空豆

さやが空に向かって生えるから。

橙《だいだい》

冬に熟した橙の実は、年を越しても落ちずに2、3年は枝についている。このまま代々続きそうだということで〝ダイダイ〟の名に。鏡餅の上にミカンではなく橙を置くのは代々繁栄が続きますようにということ。確かに〝未完〟では縁起が悪いかも。

たくあん

徳川家光が沢庵《たくあん》宗彭《そうほう》という和尚の寺に訪れた際、沢庵が作って出した漬物を食してたいそう気に入った。
家光「この漬け物の名はなんという？」
沢庵「別に名などありませぬ」
家光「名前がないならおまえの名をつけろ」ということから。

竜田揚げ

百人一首でも詠まれた、紅葉の季節に美しい奈良の竜田川の色彩を連想させるビジュアルの揚げ物だからとか、旧日本海軍の巡洋艦「龍田」の厨房長が編み出したからとか、諸説ある。

長十郎梨

当麻長十郎という人の子孫が発見した梨。

ティラミス

イタリア語で書くと、〝Tirami su（ティラミス）！〟直訳すると「私を元気付けて！」確かにおいしいティラミスを食べるとちょっと元気になる。

鉄火巻き

〝鉄火〟は鍛冶屋の真っ赤になった鉄や、そこから飛び散る火花のこと。喧嘩っ早いが気風がいい、気性は荒いが根に持たない、そんな気質のことを鉄火肌と言うが、それにマグロの赤身とワサビの辛さをなぞらえて。

てっさ

ふぐ刺のことで、鉄砲の刺身の略。フグを鉄砲にたとえ、「当たったら死ぬ」から。

田楽《でんがく》

平安時代の芸能の名称に由来する。豆腐を串刺しした見た目が、踊る芸人を彷彿とさせたことから。

どら焼き

形が楽器の銅鑼《どら》に似ていることに由来。

バイキング

１９５７年、旅先のデンマークでスモーガスボード（食べ放題）を目にした帝国ホテルの支配人が、「これはいける！」と確信して日本でも始めた。しかし「スモーガスボード」という名称が言いにくいので、北欧と言えば海賊バイキング、そして当時ホテルの隣の日比谷映画劇場で上映されていた「バイキング」（１９５８年）の豪快な食事シーンが印象的だったことからこの名前に。

バッテラ

〝小舟〟を意味するポルトガル語の〝bateira（バッテラ）〟が由来。大阪ではその昔ボートのことをバッテラと呼んでいて、それとしめ鯖の押し寿司の形が似ていたから。

ハヤシライス

福沢諭吉の弟子にして、丸善の創業者でもある早矢仕有的《はやしゆうてき》が医師をやっていた頃、回復力の高まる病院食として考案し、日本の肉食解禁の到来とも重なり「はやし先生のライス」として急速に広まった。

はんぺん

駿河の半平《はんぺい》という料理人が開発した。

ビーフストロガノフ

16世紀初頭にロシアのウラル地方で成功したアレクサンドル・セルゲーエヴィチ・ストロガノフという貴族が歯を悪くしたので柔らかい肉が必要になり、お抱え料理人が考案。ストロガノフ様のためのビーフということで。

冷《ひ》や奴《やっこ》

江戸時代、大名行列の先頭を行く〝奴《やっこ》〟という役の着物に付いている四角い大きな紋に豆腐が似ていて冷たいことから。

福神漬け

七種類の野菜を使って作るので、縁起よくその野菜を七福神に見立ててこんな名前に。

風呂吹き大根

昔の風呂の多くは蒸し風呂で、そこに客の体に息を吹きかけながら垢《あか》をこすり取る〝風呂吹き〟という仕事があった。それが、熱くてフーフー息をかけながら食べる大根料理とシンクロして。

牡《ぼ》丹《たん》肉《にく》

猪の肉が牡丹の花のように真っ赤なことから。

ホットドッグ

形がダックスフントに似ていることから〝レッド・ホット・ダックスフンド・ソーセージ〟という名前だったが、ある漫画家がダックスフントそのものにマスタードを塗ってパンに挟むという漫画を描いて、そのタイトルを「ホットドッグはいかが！」にしたことに端を発する。

麻婆豆腐

1862年に中国四川省の陳富文という人の奥さんが考案。その奥さんの顔には麻《あばた》があったことから〝麻の婆さん〟と呼ばれていた。麻婆さんの豆腐ということで。

マシュマロ

昔はウスベニタチアオイという花の根の粘液を煮たものを原料に作られていた。その花の英語名〝marshmallow（マーシュメロウ）〟から由来するも、今はまったく別の原料で作られている。

マドレーヌ

１７５５年フランス、ロレーヌ公スタニスラスが主催するパーティの日に料理長とパティシェが喧嘩をして館を出て行ってしまいデザートが用意できないというヤバい状況に。そのとき召使いが、ありあわせの材料と厨房にあったホタテの貝殻を使って、祖母から教わった菓子を作って出したら大好評！　その召使いの名前がマドレーヌ・ポルミエ。

三《み》笠《かさ》

どら焼きの関西の呼び名。関東は楽器に見立てたが関西は山に見立てた。奈良の三笠山に。

ミルフィーユ

フランス語で〝mille-feuille（ミルフィーユ）〟。ミルは「千」、フィーユは「葉っぱ」。あの重なった感じを大げさに命名。

ミロ

紀元前６００年ごろのギリシャ神話に登場する古代オリンピックのレスリング選手、クロトナのミロの強さにちなんで、飲むと強くなるイメージから。

もんじゃ焼き

焼きながら生地で文字を書いて遊んで〝文字焼き〟と呼ばれていたものが音便して。

八ッ橋

箏曲《そうきょく》の祖、八橋検校《やつはしけんぎょう》を偲《しの》んで作られた箏の形の菓子。

ワッフル

ドイツ語で、蜂蜜がいっぱい詰まった蜂の巣のこと。クマのプーさんの大好物のあの感じをイメージしてお菓子にしたもの。蜂の巣柄の焼き目に甘い蜜をたっぷり。ちなみにウエハースの語源も同じで、こちらは英語。

37

数学的展開
言葉の

数学で習った「因数分解」や「通分」、これが漢字にも応用できてしまう。熟語を数式や分数と捉えて数学的省略化を図っていく。

Ⅰ　因数分解

$$AxBx=(A+B)x$$

有耶無耶＝（有＋無）耶

有《う》象《ぞう》無《む》象《ぞう》＝（有＋無）象

残念無念＝（残＋無）念

遮二無二＝（遮＋無）二

海千山千＝（海＋山）千

岡目八目＝（岡＋八）目

以心伝心＝（以＋伝）心

右往左往＝（右＋左）往

一切合切＝（一＋合）切

合縁《あいえん》奇縁《きえん》＝（合＋奇）縁

青息吐息＝（青＋吐）息

五十歩百歩＝（五十＋百）歩

有耶無耶＝物事がはっきりせず、曖昧なこと。 **海千山千**＝様々な経験を積み、社会の裏表に通じてずる賢いこと。
合縁奇縁＝相手と気が合うか合わないかは、すべて縁によるということ。

$x\text{A}\,x\text{B} = x(\text{A}+\text{B})$

一期一会＝一（期＋会）

一世一代＝一（世＋代）

一朝一夕＝一（朝＋夕）

一喜一憂＝一（喜＋憂）

一長一短＝一（長＋短）

四角四面＝四（角＋面）

九分九厘＝九（分＋厘）

十《じゅう》人《にん》十《と》色《いろ》＝十（人＋色）

百発百中＝百（発＋中）

自画自賛＝自（画＋賛）

自暴自棄＝自（暴＋棄）

自問自答＝自（問＋答）

自給自足＝自（給＋足）

粗衣粗食＝粗（衣＋食）

半信半疑＝半（信＋疑）

半《はん》死《し》半《はん》生《しょう》＝半（死＋生）

本家本元＝本（家＋元）

正真正銘＝正（真＋銘）

中肉中背＝中（肉＋背）

手練手管＝手（練＋管）

不撓不屈＝不（撓＋屈）

不老不死＝不（老＋死）

全知全能＝全（知＋能）

絶体絶命＝絶（体＋命）

異《い》類《るい》異《い》形《ぎょう》＝異（類＋形）

相思相愛＝相（思＋愛）

私利私欲＝私（利＋欲）

独立独歩＝独（立＋歩）

半死半生＝今にも死にそうなこと。**異類異形**＝この世のものとは思われない生き物。

$AABB = A^2B^2$

是是非非＝是^{2}非^2

平平凡凡＝平^{2}凡^2

明明白白＝明^{2}白^2

奇奇怪怪＝奇^{2}怪^2

虚虚実実＝虚^{2}実^2

正正堂堂＝正^{2}堂^2

子子孫孫＝子^{2}孫^2

侃《かん》侃《かん》諤《がく》諤《がく》＝侃^{2}諤^2

喧《けん》喧《けん》囂《ごう》囂《ごう》＝喧^{2}囂^2

戦戦恐恐＝戦^{2}恐^2

三三五五＝三^{2}五^2

年年歳歳＝年^{2}歳^2

唯唯諾諾＝唯^{2}諾^2

是々非々＝公正無私な態度で、一定の立場にとらわれず、良いことは良い、悪いことは悪いと判断すること。**侃々諤々**＝正しいと信じることを堂々と主張するさま。**喧々囂々**＝多くの人が勝手に発言してやかましいさま。**三三五五**＝人々が三人、五人と連れだって居るさま。**年年歳歳**＝毎年毎年。来る年も来る年も。**唯々諾々**＝少しも逆らわず他人の言うなりになること。

$ABAB=(AB)^2$

不承不承＝(不承)^2

東西東西＝(東西)^2

五分五分＝(五分)^2

離れ離れ＝(離れ)^2

代る代る＝(代る)^2

恐る恐る＝(恐る)^2

返す返す＝(返す)^2

騙し騙し＝(騙し)^2

探り探り＝(探り)^2

休み休み＝(休み)^2

遊び遊び＝(遊び)^2

思い思い＝(思い)^2

高い高い＝(高い)^2

どっこいどっこい＝(どっこい)^2

Ⅱ　変わり因数分解

学《がく》生《せい》生《せい》活《かつ》＝学生^{2}活

民主主義＝民主^{2}義

北《ほっ》海《かい》海《え》老《び》＝北海^{2}老

七《なな》音《おん》音《おん》階《かい》＝七音^{2}階

関関同立＝関^{2}同立

硝《がら》子《す》障《しょう》子《じ》＝（硝＋障）子

亀《かめ》の子《こ》束《たわ》子《し》＝（亀の＋束）子

朝《チョウ》鮮《セン》朝《アサ》顔《ガオ》＝朝（鮮＋顔）

赤鳥赤腹《あかこっこ》＝赤（鳥＋腹）

既成概念＝既（成＋木念）

朝鮮朝顔＝熱帯アジア原産のナス科の一年草。花、葉、種子に強烈な毒性を持ち、摂取すると幻覚作用をもたらす。**赤鳥赤腹**＝伊豆諸島や屋久島に分布するスズメ目ツグミ科の鳥。

Ⅲ　通分熟語

髑 / 髏 ＝ 

（どくろ）

◆以下の空欄は自分で埋めよ。

麒 / 麟 ＝ □

駱 / 駝 ＝ □
（らくだ）

鸚 / 鵡 ＝ □
（おうむ）

鮟 / 鱇 ＝ □
（あんこう）

麵 / 麭 ＝ □
（ぱん）

饂 / 飩 ＝ □
（うどん）

鞦 / 韆 ＝ □
（しゅうせん）

靉 / 靆 ＝ □
（あいたい）

靉靆＝雲がたなびく様子　鞦韆＝ブランコのこと

$\dfrac{\text{賄}}{\text{賂}} = \square$

$\dfrac{\text{聴}}{\text{取}} = \square$

$\dfrac{\text{睡}}{\text{眠}} = \square$

$\dfrac{\text{曖}}{\text{昧}} = \square$

$\dfrac{\text{強}}{\text{引}} = \square$

$\dfrac{\text{恍}}{\text{惚}} = \square$

$\dfrac{\text{齟}}{\text{齬}} = \square$
（そご）

$\dfrac{\text{齷}}{\text{齪}} = \square$
（あくせく）

$\dfrac{\text{轆}}{\text{轤}} = \square$
（ろくろ）

$\dfrac{\text{軋}}{\text{轢}} = \square$
（あつれき）

$\dfrac{\text{銅}}{\text{鑼}} = \square$
（どら）

$\dfrac{\text{酩}}{\text{酊}} = \square$
（めいてい）

$\dfrac{\text{判}}{\text{例}} = \square$

$\dfrac{\text{徘}}{\text{徊}} = \square$

牴／牾 ＝ □
（ていご）

襁／褓 ＝ □
（きょうほう）

嫉／妬 ＝ □

朦／朧 ＝ □
（もうろう）

消／滅 ＝ □

咄／嗟 ＝ □
（とっさ）

躊／躇 ＝ □
（ちゅうちょ）

蹲／踞 ＝ □
（そんきょ）

躑／躅 ＝ □
（つつじ）

認／識 ＝ □

檸／檬 ＝ □
（れもん）

挨／拶 ＝ □

牴牾＝物事が食い違うこと。　**襁褓**＝おしめ。おむつ。　**蹲踞**＝相撲で仕切りに入る前の、つま先立ちで深く腰をおろす姿勢。

$\frac{傀}{儡}$ ＝ □
（かいらい）

$\frac{琺}{瑯}$ ＝ □
（ほうろう）

$\frac{蝙}{蝠}$ ＝ □
（こうもり）

$\frac{鳳}{凰}$ ＝ □
（ほうおう）

$\frac{霹}{靂}$ ＝ □
（へきれき）

$\frac{琵}{琶}$ ＝ □

$\frac{匍}{匐}$ ＝ □
（ほふく）

$\frac{罵}{詈}$ ＝ □
（ばり）

$\frac{命}{令}$ ＝ □

$\frac{宇}{宙}$ ＝ □

$\frac{薔}{薇}$ ＝ □
（ばら）

$\frac{葡}{萄}$ ＝ □
（ぶどう）

$\frac{癇}{癪}$ ＝ □
（かんしゃく）

$\frac{国}{宝}$ ＝ □

颱（struck through）／風（struck through） ＝ 

（たいふう）

◆以下の空欄は自分で埋めよ。

磁／石 ＝ □

豌／豆 ＝ □

（えんどう）

羚／羊 ＝ □

（かもしか）

授／受 ＝ □

努／力 ＝ □

骸／骨 ＝ □

騎／馬 ＝ □

蝗／虫 ＝ □

（いなご）

囚／人 ＝ □

関／門 ＝ □

死／屍（しし）＝ 

音／響 ＝ □

丁／寧 ＝ □

雨／雲 ＝ □

目／眩（めまい）＝ □

骨／髄 ＝ □

贔／屓（ひいき）＝ 

譫／言（せんげん）＝ □

朧／月（おぼろづき）＝ □

協／力 ＝ □

$\frac{加}{味}$ ＝ 

（かみ）

$\frac{秘}{密}$ ＝ □

$\frac{蜂}{蜜}$ ＝ □

$\frac{氷}{水}$ ＝ 丶

（こおりみず）

$\frac{雷}{電}$ ＝ □

（らいでん）

$\frac{蝌}{蚪}$ ＝ □

（おたまじゃくし）

膃／肭／臍
（おっとせい）

＝ 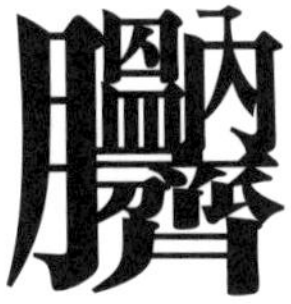

姑／姉／妹
（こしまい）

＝ □

蚯／蚓／蜥／蜴
（みみずとかげ）

＝ 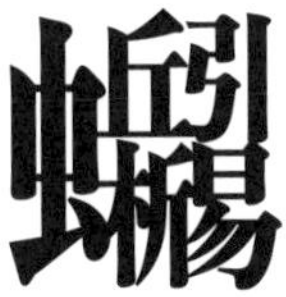

魑／魅／魍／魎
（ちみもうりょう）

＝ □

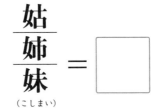

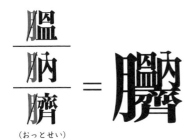

ビジュアル言葉 その他

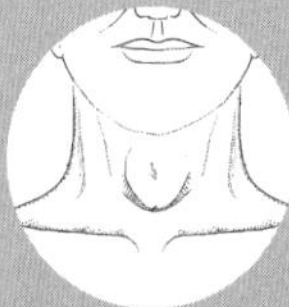

ノドボトケ

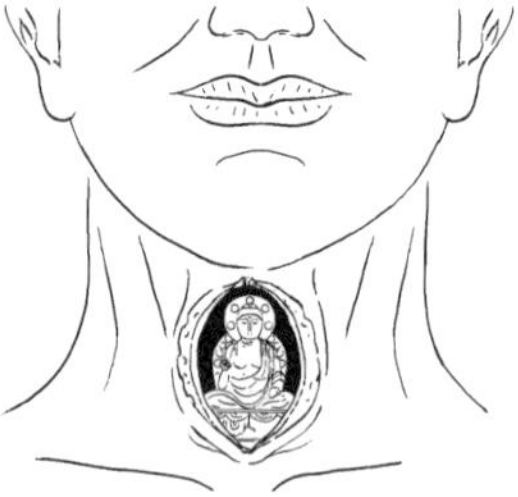

◉和名
喉仏

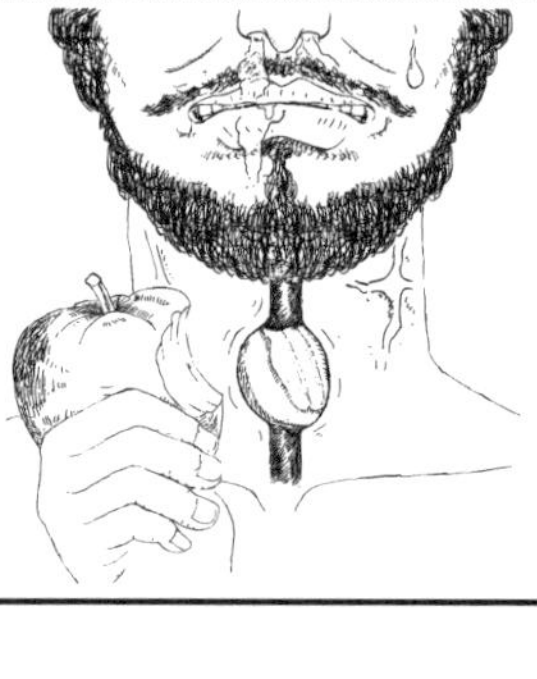

◉英名
Adam's Apple
アダムのリンゴ

ガニマタ

◉和名

蟹股

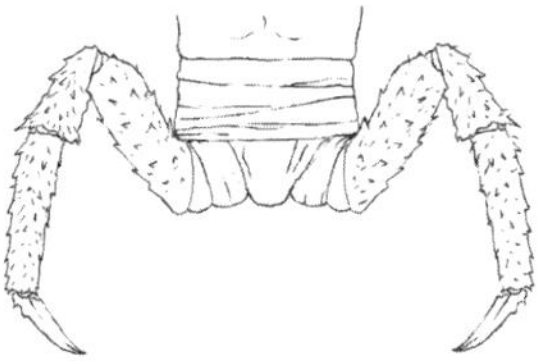

◉英名

Bowlegs

弓足

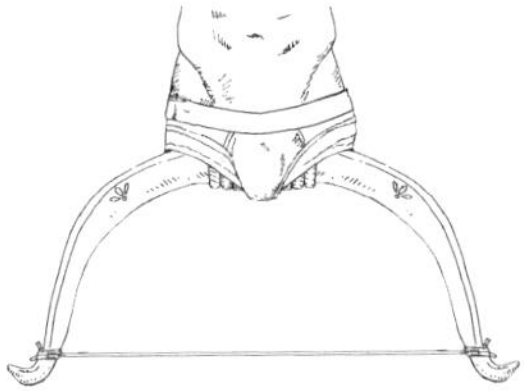

メダマヤキ

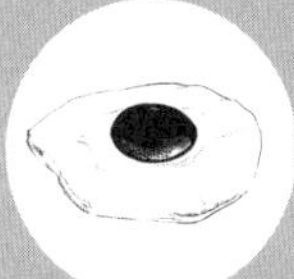

◉和名

目玉焼き

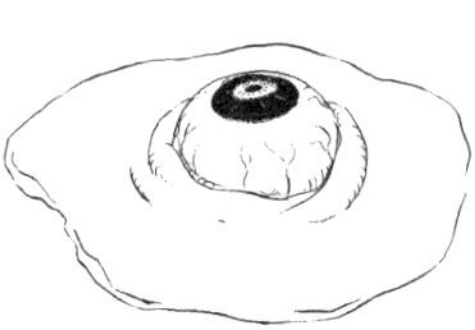

◉英名

Sunny-side Up

太陽が上に

シラタキ

◉和名

白滝

◉英名

Noodles Made From Devil's Tongue

悪魔の舌から作った麺

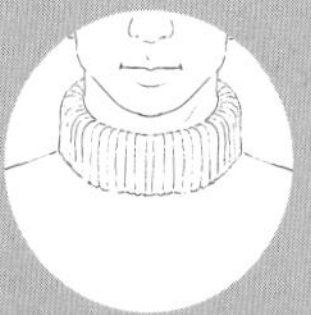

トックリセーター

◉和名

徳利セーター

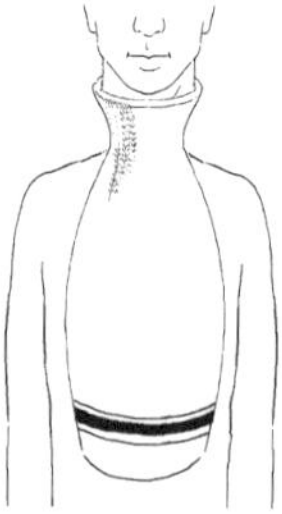

◉英名

Turtleneck Sweater

亀首セーター

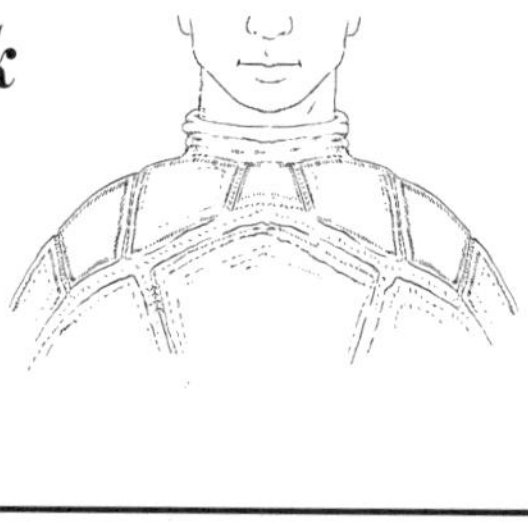

38

「EARTH」の思考

小さいものより大きいもののほうがよく見えるが、大きすぎると見落としてしまいがちだ。遠いものより近いもののほうがよく見えるが、近すぎると見落としてしまいがちだ。地球について考えてみよう。

EDENをHEAVENに、
Eを H に。 **E−ART→H!**

EDENをHEAVENに、地上を楽園にするための方法、
それはアートだったのだ!

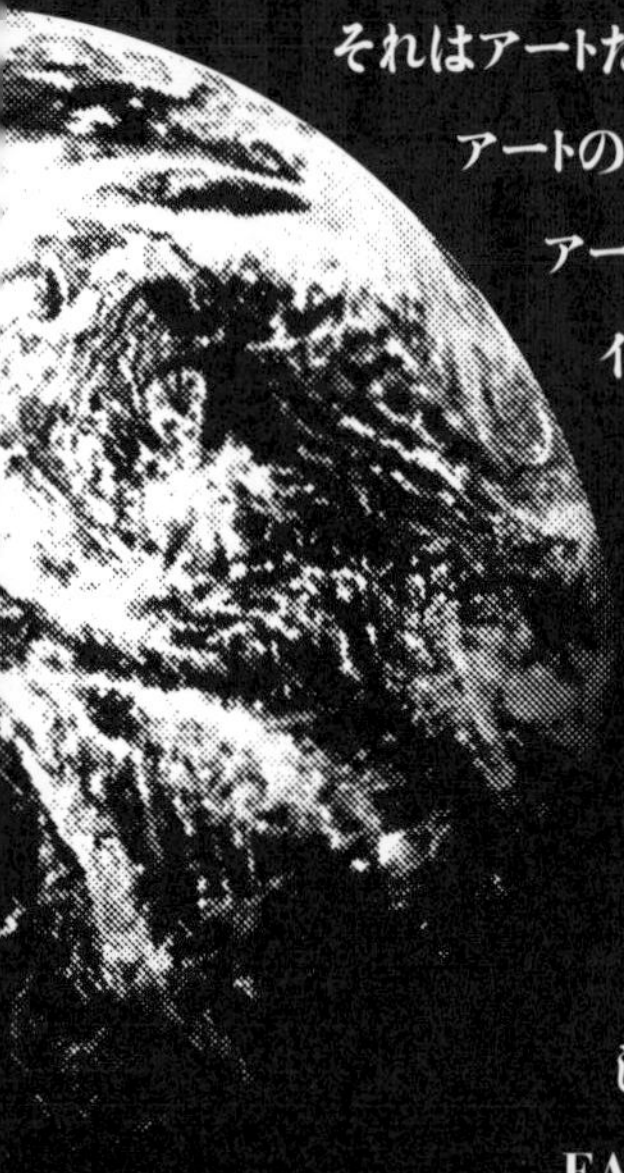

アートの力のみが世界を平和に導くのだ!
アートとは想像を創造する行為。
イマジンからクリエイション、その行為は
すべての生き物の中で唯一人間に
与えられた能力である。特権である。
そしてその特権を行使するにあたり
絶対必要不可欠なものとは?!
その答えもEARTHは示していた!
EARTH EARTH EARTHと、ループ
してみよう。
EARTHEARTHEARTHEARTHEART……
EARTHはいつしか**HEART**になっている!

地球は心の星だったのだ!
ということは、人間の心次第で地上は楽園になるはずだ!
そうなのだ! 心あるアートの力が世界を平和にするのだ!
我々は試されている。できるかな……できるよね!

地球は太陽系の惑星なのに、地球だけ星ではなくて球なのだ。水星 金星 地星 火星 木星 土星 天王星 海王星 ではないのだ。星とは遠くにあるもののことを指す言い方なのか……。

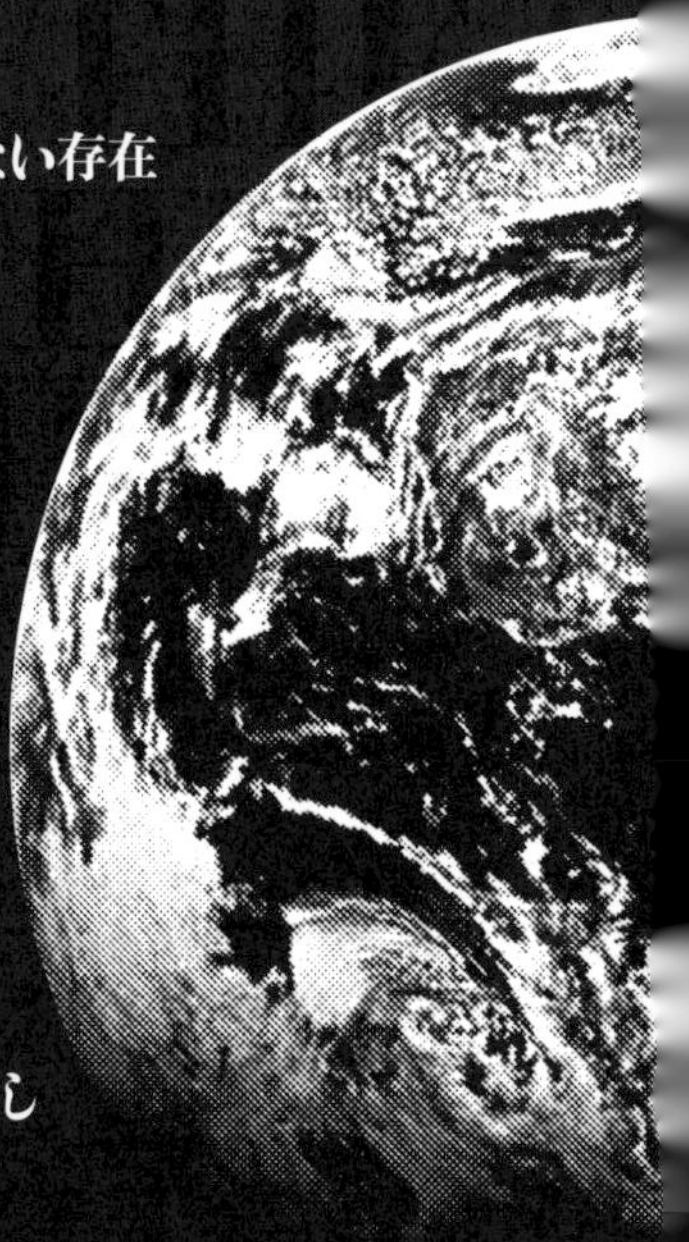

そういえばスターとはもともと手の届かない存在に与えられた称号だった。

手の届く、というか、日常的に足で踏みつけているようなこの身近すぎる存在に対しては、星と呼ぶべきではなく巨大な球だと認識すべきなのだろう。

その発想は日本人の発想。謙虚さを全面に出そうとする発想。

そんな地球は英語ではEARTHである。

EARTHを眺めていると素晴らしい発見があった。

人間はこの地上を楽園にしたいと願い続け、そしていつまでも叶わぬままである。EDEN（地上）をHEAVEN（楽園）にしたいのに、その方法がいつまでたっても見出せないままなのである。そのキーはいったいなんなのか？

なんたる灯台下暗し！

EARTHという表記の中にすでにその答えがあったのだ！

倉本美津留 くらもと・みつる

放送作家。1959年生まれ。『ダウンタウンDX』『シャキーン!』『浦沢直樹の漫勉』『M-1グランプリ』ほか、数々のテレビ番組を手がける。著書に『ことば絵本 明日のカルタ』(日本図書センター)、『もともと人名カルタ』(ワニブックス)、『本屋さんで探す「明日のカルタ」』(主婦の友社/ヨシタケシンスケとの共著)など。ミュージシャンとしても活躍。

倉本美津留の超国語辞典

2015年12月15日 初版第1刷発行

編著者――倉本美津留
イラストレーション――浅田弥彦(asada tableau)
ブックデザイン――重実生哉+大西 萌
編集――綾女欣伸(朝日出版社)
編集協力――本多アシタ(ninpop)
平野麻美+齋藤 綾(朝日出版社)、樺沢優希
協力――堀内 肇、浦上藍子、ガーネット、井本 恵、
広瀬園子+まちゅぴちゅ(ninpop)
発行者――原 雅久
発行所――株式会社 朝日出版社
〒101-0065 東京都千代田区西神田3-3-5
TEL 03-3263-3321 FAX 03-5226-9599
http://www.asahipress.com/
印刷・製本――図書印刷株式会社

ISBN978-4-255-00897-4 C0095